Dalai Lama

Der Weg des tibetischen Buddhismus

HERDER spektrum

Band 4900

Das Buch

Wie ist ein höheres Bewußtsein möglich? Wie können wir das Auge der Achtsamkeit schulen? Die geistigen Traditionen und die Praxis-Wege des tibetischen Buddhismus geben darauf Antwort – ein wichtiger Beitrag zu einer neuen spirituellen Weltkultur. Unentbehrlich als Standardwerk für das Verständnis dieser großen Religion in der modernen Welt in der authentischen Darstellung des Dalai Lama. Geschrieben nur wenige Jahre nach seiner Flucht aus Tibet, ist dieses Buch das erste fundamentale Werk des Dalai Lama – und über all die Jahre ein Basiswerk seiner Gedanken geblieben. Ursprünglich entstand das Buch aus dem Anliegen des Dalai Lama heraus, für tibetische Laien, für westliche Interessierte und für alle, die nicht die Möglichkeit haben, die Originaltexte selbst zu studieren, eine Art „Zusammenfassung" buddhistischer Lehren und Praxis zur Verfügung zu stellen – eine kurze und präzise Darstellung, die die jahrtausendealte Überlieferung authentisch für heute erschließen sollte. Daraus wurde ein bedeutender Entwurf: „Alle seine späteren Bücher sind nur ein Kommentar zu diesem ersten Buch" (Donald Lopez).
Mit einer tiefgründigen Einleitung von Donald Lopez, Autor zahlreicher Standardwerke über Buddhismus und Tibet, der an der Universität von Michigan lehrt und dort die Abteilung für Asiatische Sprachen und Kulturen leitet.

Der Autor

Der XIV. Dalai Lama ist der wohl bedeutendste Repräsentant des Buddhismus. Träger des Friedensnobelpreises. Bei Herder Spektrum u. a.: Der Friede beginnt in dir (4451); Sehnsucht nach dem Wesentlichen (4229); Einführung in den Buddhismus (4946); Zeiten des Friedens (4065); Tibet – Ort der Götter, Land der Tränen (4497); Tod und Unsterblichkeit im Buddhismus (4555); Das kleine Buch vom rechten Leben (4949); Vision des Herzens (4727); Die Kraft des Buddhismus und der Zustand der Welt (4463); Zeiten des Friedens (4065). Unsere spirituelle Sehnsucht. Religiöse Erfahrung als Brücke zwischen Christen und Buddhisten (4758)

Dalai Lama

Der Weg des tibetischen Buddhismus

Eine Einführung

Mit einer Einleitung von Donald S. Lopez, Jr.
Aus dem Englischen von Matthias Dehne

Herder

Freiburg · Basel · Wien

Die amerikanische Originalausgabe erschien unter dem Titel
„Opening the Eye of New Awareness“ bei Wisdom Publications,
199 Elm Street, Somerville MA 02144, USA.

Die Einleitung von Donald S. Lopez wurde übersetzt von Bernardin Schellenberger; das Vorwort zur zweiten Auflage der amerikanischen Ausgabe hat Anne-Katrin Seeber übersetzt.

Gedruckt auf umweltfreundlichem,
chlorfrei gebleichtem Papier

Die vorliegende Ausgabe ist eine veränderte Neuausgabe des unter dem Titel
„Das Auge einer neuen Achtsamkeit“ bei Goldmann erschienenen Buches

Herstellung: Freiburger Graphische Betriebe 2000
Umschlaggestaltung und Konzeption: R·M·E München/Roland Eschlbeck,
Liana Tuchel
Umschlagmotiv: Temple fresco depicting planetary diagram in Paro, Bhutan
ISBN 3-451-04900-7

Inhalt

Die von den Übersetzern beigefügten Fußnoten verweisen auf ergänzendes Schriftmaterial oder geben die Quellen der Zitate an. Die Umschrift für die tibetischen Begriffe in den Klammern und im Glossar folgt dem System von Turell Wylie (siehe: »A Standard System of Tibetan Transcription« Harvard Journal of Asiatic Studies, Vol. 22, 1959, S. 1959, S. 261-267). Die Namen tibetischer Autoren und Schulen sind der tatsächlichen Aussprache angenähert, und zwar nach einem System, das in Hopkins *Meditation on Emptiness* erläutert ist (siehe ebd., S. 19-22). Im Lauftext wurde eine vereinfachte Form der Sanskritumschrift verwandt, in den Fußnoten das in der Wissenschaft gängige System.

Einleitung

1962 veröffentlichte der Dalai Lama sein erstes Buch, *My Land and My People* (die deutsche Ausgabe erschien unter dem Titel *Mein Leben und mein Volk*). Es war eine Autobiographie, die die Geschichte der Invasion und Okkupation Tibets durch die Chinesen einer internationalen Leserschaft vorstellte. Im darauffolgenden Jahr, 1963, veröffentlichte er auf tibetisch das vorliegende Buch, sein erstes Werk über buddhistisches Denken und buddhistische Praxis, dessen tibetischer Titel, wörtlich übersetzt *Das Auge einer neuen Achtsamkeit* lautete. Es handelt sich im Unterschied zu den meisten seiner nachfolgenden Veröffentlichungen nicht um eine Sammlung von Niederschriften öffentlicher Vorträge, sondern Seine Heiligkeit stellt darin persönlich die Grundzüge der buddhistischen Lehre vor. Das nur vier Jahre nach seiner Flucht aus Tibet und vier Jahre nach Abschluß seiner religiösen Ausbildung vollendete Werk ist die Frucht der reifen Gelehrsamkeit eines 27jährigen *geshe*.

Traditionellerweise beginnen Texte des tibetischen Buddhismus mit einem Versprechen des Autors, den Text zu verfassen; das wird als wesentlich für die erfolgreiche Fertigstellung des Werkes betrachtet. Ein solches Versprechen findet sich auch in *Der Weg des tibetischen Buddhismus*. Der Dalai Lama schreibt darin: „Gemäß dem Verdienst der Lebewesen, die nicht die Muße haben, die großen, tiefen und wirksamen Texte zu lesen, will ich daher dieses Werk [...] schreiben, eine Abhandlung in wenigen Worten, in erster Linie zum leichten Verständnis, um so die Erleuchtung der Weisheit zu verbreiten, die alle Phänomene mit ganz anderen Augen sehen läßt." In dieser kurzen Aussage ist recht viel enthalten. Zunächst umschreibt Seine Heiligkeit seine Leserschaft als „die Lebewesen, die nicht die Muße haben, die großen ... Texte zu lesen." Es gibt mehrere berühmte Literaturgattungen des tibetischen Buddhismus, die auf ähnliche Weise die Kurzfassung eines viel umfangreicheren Gesamtwerks bieten wollen. Dazu gehören die Texte über „die Stufen der Lehre" *(bstan rim)*, die den Weg des Bodhisattva vom Erwachen der *bodhicitta* bis zum Erlangen der Buddhaschaft beschreiben. Sodann gibt es die bekannteren Texte über „die Stufen des Weges" *(lam rim)*, die thematisch die Übung dreier verschiedener Personenkreise behandeln: derjenigen, die sich um eine bessere Wiedergeburt bemühen; derjenigen, die nur für sich selbst nach der Befreiung von der Wiedergeburt streben und derjenigen, die sich bemühen, für alle Lebewesen im Universum die Befreiung von der Wiedergeburt zu erlangen. Zwar wird in beiden Gattungen auch die tantrische Praxis erwähnt, aber im wesentlichen konzentrieren sich diese Werke auf die *sūtra*, das heißt den exoterischen Weg. Eine davon verschiedene Gattung, die als vorbereitende Anleitungen *(sngon 'gro)* bezeichnet wird, ist den einleitenden Anweisungen zur tantrischen Praxis gewidmet. Die Gattungen der „Stufen der Lehre" und der „Stufen des Pfades" sind im allgemeinen in darlegendem Stil gehalten; sie bieten Beschreibungen des *samsāra*, Schilderungen der Wirkungsweisen des Karma und Techniken zur Entwicklung der *bodhicitta*, die alle mit Zitaten aus den indischen und tibetischen Klassikern untermauert werden, und dazwischen sind Ermahnungen eingestreut, die Lehren in die Praxis umzusetzen. Eine davon getrennte, aber dennoch darauf bezogene Gattung wird als „Geistestraining" *(blo sbyong)* bezeichnet und ist direkteren praktischen Anweisungen für das Entwickeln und Bewahren der *bodhicitta* gewidmet, die oft in einem weniger scholastischen Stil geboten werden. Während alle diese Gattungen dem buddhistischen Pfad gewidmet sind, bietet eine weitere wichtige Gattung der Doxographie *(grub mtha')* hierarchisch angeordnete kurzgefaßte Darstellungen der verschiedenen Systeme der buddhistischen Philosophie. Manche Werke in dieser Kategorie beschreiben auch die nichtbuddhistischen Schulen des indischen Denkens, während andere Beschreibungen der Sekten des tibetischen Buddhismus (einschließlich des Bon) bieten; manche beschreiben auch die Schulen des chinesischen Buddhismus.

So gibt es also in der tibetischen buddhistischen Literatur viele Werke, die für „die Lebewesen" gedacht sind, „die nicht die Muße haben, die großen, tiefen und wirksamen Texte zu lesen." Allerdings läßt sich *Der Weg des tibetischen Buddhismus* nicht leicht in eine dieser festen Gattungen einordnen. Wichtig ist, sich daran zu erinnern, daß das Buch in den ersten Jahren des Exils geschrieben wurde, also in einer Phase tiefer Krise für den Dalai Lama und seine über den Himalaya geflohenen Landsleute. Daher bedeutet der Satz über „die Lebewesen, die nicht die Muße haben, die großen... Texte zu lesen" im Jahre 1963 etwas ziemlich anderes, als er vor 1959 bedeutet hätte: Damals hätte man ihn als Standardformulierung betrachten können, wie sie zu Beginn einer großen Anzahl tibetischer Texte zu finden ist. Doch der Dalai Lama dachte dabei vielleicht an eine andere Art von Leserschaft.

Der Titel, den das vorliegende Buch in der amerikanischen Originalausgabe trug, „Opening the Eye of New Awareness", ist eine wörtliche Übersetzung des tibetischen Titels *blo gsar mig 'byed*. Der Begriff „new awareness", „neue Achtsamkeit", kann auch „diejenigen mit neuer Achtsamkeit" oder die „Anfänger" bezeichnen. Mit dem hier genannten Menschen „mit neuer Achtsamkeit" ist nicht jemand mit dem berühmten „Anfänger-Geist" („beginner's mind") des gereiften Zen-Schülers gemeint, sondern der Mensch, der noch ungeübten Geistes im buddhistischen Denken und Üben ist, jedoch über ein großes Potential verfügt, nämlich über ein Auge, das sich nur noch nicht geöffnet hat, um die Dinge so zu sehen, wie sie sind. So beschreibt Seine Heiligkeit sein Buch als „eine Abhandlung in wenigen Worten, in erster Linie zum leichten Verständnis, um so die Erleuchtung der Weisheit zu verbreiten, die alle Phänomene mit ganz anderen Augen sehen läßt". Tatsächlich geht es in *Der Weg des tibetischen Buddhismus* viel eher um Weisheit, vor allem um die Weisheit, die sich aus dem Hören des Dharma ergibt, als um Anweisungen für die Praxis. Darin findet man keine detaillierten Beschreibungen der sechs Orte der Wiedergeburt wie in einem Text der *lam rim*-Gattung; man findet auch keine Anweisungen über den Austausch zwischen dem Selbst und anderen wie in einem Text der *blo sbyong*-Gattung. Der Dalai Lama schreibt eine andere Art Buch für eine andere Art Leserschaft. Alles, was er hier erläutert, ist einem tibetischen Buddhistenmönch, der den scholastischen Lehrplan irgendeiner Sekte des tibetischen Buddhismus durchlaufen hat, gut bekannt. Aber im Jahre 1963 lebten diese Mönche nach ihrem Eintreffen in Indien unter äußerst schwierigen Verhältnissen; zum Teil hausten sie in ehemaligen britischen Kriegsgefangenenlagern, und viele von ihnen fielen der Tuberkulose zum Opfer. Diesen ihrer großen Bibliotheken beraubten Mönchen konnte das Buch *Der Weg des tibetischen Buddhismus*, in dem ihr junger Dalai Lama seine Gelehrsamkeit brillant entfaltete, als inspirierende Gedächtnisstütze dienen. Aber der Dalai Lama hatte bestimmt noch mindestens zwei andere Leserkreise im Auge. Der erste waren die tibetischen Laien, vor allem die Jugendlichen, eine Leserschaft, für die in Tibet selten Bücher geschrieben wurden. Für diese Gruppe, der bestimmt die Muße zum Studieren der großen Texte fehlte, verfaßte der Dalai Lama hier eine klare, knappe Zusammenfassung der buddhistischen Lehre. Aber im Jahre 1963 mußte der Dalai Lama noch auf eine weitere Leserschaft abzielen, nämlich die wachsende Zahl von Lesern im Westen, die sich für den tibetischen Buddhismus interessierten, jedoch bislang diese Tradition nur in der Verfälschung durch Magie und Geheimnistuerei kennengelernt hatten. So liegt dem Dalai Lama in diesem Buch sehr daran, die Welt den tibetischen Buddhismus als eine Tradition vorzustellen, die den ihr zustehenden Platz im Erbe des indischen buddhistischen Denkens einnimmt, einem Erbe, das vernünftiger Analyse und systematischer Praxis verpflichtet ist.

Zugleich muß das Buch als Werk eines vollendeten Gelehrten des buddhistischen Denkens und seiner Praxis angesehen werden. Es ist eindeutig das Werk eines Mönchs, der ganz den mönchischen Lehrplan durchlaufen hat. Tatsächlich hatte der Dalai Lama erst vier Jahre zuvor seine akademische Ausbildung abgeschlossen und 1959 seine Prüfung als *geshe* abgelegt. Sein Studium war infolge der Schwierigkeiten dieses Jahrzehnts verzögert worden, denn in diesem Zeitraum war es zu einer Abfolge von Krisen gekommen, die seine Aufmerksamkeit ständig voll in Anspruch nahmen. Doch selbst während dieser Zeit vernachlässigte der Dalai Lama nicht seine Studien. Sogar auf seine Chinareise im Jahr 1954 nahm er seine beiden Tutoren mit. Noch wenige Wochen vor seiner Flucht nach Indien disputierte er während der Neujahrsfeierlichkeiten von 1959 mit den damals führenden Geluk-Gelehrten. Alle damals Anwesenden erinnern sich an die weitreichende, tiefgründige Gelehrsamkeit dieses Mannes, der die Last seiner ganzen Nation auf seinen jungen Schultern trug.

Der Weg des tibetischen Buddhismus führt deutlich diese Gelehrsamkeit vor Augen; viele der Darlegungen des Dalai Lama sind direkt den Texten entnommen, die er erst kurz zuvor auswendig gelernt hatte. Der Platz gestattet es hier nicht, seine Quellen im einzelnen zu analysieren. Doch eine kurze Beschreibung des Lehrplans für einen *geshe* wird wohl hilfreich sein.

Der offizielle Lehrplan umfaßte das Studium von fünf Haupttexten. Der erste war der dem Maitreyanatha zugeschriebene Text *Schmuck der klaren Erkenntnisse (abhisamayālamkāra)*, der die verschiedenen Pfade zur Erleuchtung beschreibt, wie sie die Traditionen des Hīnayāna- und Mahāyāna-Buddhismus kennen. Er geht stark in die Einzelheiten und verwendet die berühmten acht Gegenstände und siebzig Themen zur Offenbarung der sogenannten „verborgenen Lehre" der Sutren über die „Vervollkommnung der Weisheit" *(prajñāpāramitā).* Im *Weg des tibetischen Buddhismus* stammen die Kapitel 7 über das Voranschreiten auf den Pfaden des Hīnāyana und Mahāyāna, Kapitel 3 über die Schriftensammlungen sowie Kapitel 9 über die Buddhaschaft aus der *Schmuck der klaren Erkenntnisse.*

Wenn dieser Text ganz studiert ist, geht es im Lehrplan weiter mit Chandrakīrtis *Anmerkungen zum Mittleren Weg (madhyamakāvatāra),* der insofern als Ergänzung zu Nāgārjunas berühmter *Darstellung der Grundzüge des Mittleren Weges (madhyamakaśāstra)* betrachtet wird, als er den religiösen Kontext zu Nāgārjunas Schilderung der Leere liefert. Chandrakīrtis Text ist in zehn Kapitel unterteilt, in denen der Reihe nach dargelegt wird, wie das Verständnis der Lehre mit der Übung jeweils einer der zehn Vollkommenheiten *(pāramitā)* verbunden werden soll. Diese „Vollkommenheiten" sind Tugenden, die die Bodhisattvas auf einem zur Erleuchtung führenden Zehn-Schritte-Pfad üben. Über die Hälfte des Texts von Chandrakīrti ist der sechsten Vollkommenheit, der Weisheit, gewidmet. Diese lange Darlegung der Wurzelthemen der Philosophie des Mādhyamika, darunter die Leere, die beiden Wahrheiten, eine Kritik des Yogācāra und Beweise für das Nichtvorhandensein eines Selbst bei Personen und anderen Phänomenen wird von den Geluks als der locus classicus der Prāsaṅgika-Mādhyamika betrachtet. Kapitel 2 über die Zwei Wahrheiten und Kapitel 6 über die Einübung in die Weisheit stützen sich auf Chandrakīrtis Text, das letztere Kapitel jedoch dazu noch auf den Abschnitt über die Einsicht *(lhag mthong)* in Dzong-ka bas *Großer Darstellung der Stufen des Pfades (lam rim chen mo).*

Im Lauf dieser langen Studienzeit war alljährlich eine bestimmte Zeit (oft in Form eines gemeinschaftlichen Aufenthalts außerhalb des Klosters) für Logik und Erkenntnistheorie vorgesehen, wie sie Dharmakīrtis *Kommentar zu [Dignāgas Kompendium über] Gültiges Wissen (pramānavārttika)* enthält. Dieser Text bietet Argumente für die Tatsächlichkeit der Wiedergeburt, über die Befreiung von der Wiedergeburt sowie das Allwissen eines Buddha, Darlegungen über die beiden gültigen Quellen des Wissens (direkte Wahrnehmung und Schlußfolgerung), Klassifizierungen von Beweisaussagen und eine Analyse der Operationen des Denkens. Er ist in einem krytisch poetischen Stil geschrieben und gilt als eines der schwierigsten indischen *śāstras*, weshalb ihn die *geshe* ganz besonders schätzen. Der Dalai Lama vertritt bei seinem Beweis der Tatsächlichkeit der Wiedergeburt einen strikten Dualismus zwischen Geist und Materie und stützt sich auf Dharmakīrti. Da Materie kein Bewußtsein hervorbringen könne, müsse das Bewußtsein einem vorausgehenden Augenblick des Bewußtseins entspringen. Folglich müsse als Ursache des ersten Augenblicks des Bewußtseins zur Zeit der Empfängnis des Menschen ein diesem Bewußtsein vorausgehender Augenblick des Bewußtseins angenommen werden, und damit sei die Tatsächlichkeit der Wiedergeburt erwiesen.

Der vierte Text im Lehrplan war die *Abhandlung über die Mönchsdisziplin (vinayasūtra)* von Gunaprabha, die als Quelle für die zahllosen Regeln und Vorschriften für das Mönchsleben gedient hat. In Gunaprabhas Text werden die Gelübde der Mönche und Nonnen, die der Dalai Lama in Kapitel 4 behandelt, in großer Ausführlichkeit vorgestellt. Das letzte Werk im Lehrplan ist das *Schatzhaus des Wissens (abhidarmakoṣa)* von Vasubandhu, ein Kompendium von Lehrsätzen des Hīnayāna-Buddhismus, in dem alle wichtigen Kategorien der Hīnayāna-Lehre behandelt werden, die die Philosophie, Erlösungslehre und Kosmologie umfassen. Die Darstellung des Karma, die der Dalai Lama in Kapitel 4 bietet, stammt von Vasubandhu.

Ein Thema, das im scholastischen Geluk-Lehrplan nicht behandelt wird, ist das Tantra. Davon liefert der Dalai Lama hier eine ganz kurze Darstellung, wobei er sich auf die Gründe konzentriert, warum das „Geheime Mantra-

Fahrzeug“ dem Pfad des „Vollkommenheits-Fahrzeugs“ überlegen sei. Hier schöpft er aus dem ersten Abschnitt von Dzong-ka-bas *Großer Erläuterung der Stufen des Mantra (sngags rim chen mo)*. Er zögert, über diese sehr allgemeine und kursorische Behandlung hinaus mehr zu schreiben und erklärt dazu, die Einzelheiten des Tantra-Pfads sollten im Geheimen geeigneten Schülern gelehrt werden, die dafür die angemessene Initiation erfahren hätten; „es ist unpassend, sie auf dem Marktplatz auszurufen“. In den nachfolgenden Jahren kam der Dalai Lama zu dem Schluß, es sei vorzuziehen, den tantrischen Pfad offen und deutlich vorzustellen, statt ihn Mißverständnissen ausgesetzt sein zu lassen. Daher gestattete er die Übersetzung und Veröffentlichung einiger seiner tantrischen Lehren, vor allem derjenigen, die mit der Kālacakra-Initiation verbunden sind.

Der Weg des tibetischen Buddhismus schließt mit einer kurzen Darstellung der Geschichte des tibetischen Buddhismus und einer Aufzählung seiner wichtigsten Sekten. Ein derartiges Kapitel würde gewöhnlich in Werken über die Stufen des Pfades oder in Doxographien der buddhistischen Lehre nicht auftauchen, sondern sich statt dessen in Geschichtsbüchern über die Lehre *(chos ’byung)* finden. Der Dalai Lama scheint hier zwei Leserschaften im Auge zu haben. Für seine tibetische Leserschaft betont er die Authentizität jeder der vier Hauptsekten des tibetischen Buddhismus und zeigt auf, daß jede in ununterbrochener Abstammungslinie auf Lehren aus Indien zurückgeht. Er verwendet den Vergleich mit unterschiedlichen Flugzeugtypen, die alle zum gleichen Ziel zu fliegen imstande sind und leitet von ihm die Aussage ab, jede der vier Sekten könne ihre Schüler zum Ziel der Buddhaschaft führen. Auf diese Weise nimmt er Stellung gegen das Sektierertum, das in Tibet sehr verbreitet war und dem er im Exil entgegenzutreten versucht hat. Für seine westliche Leserschaft widerspricht er der Behauptung, der tibetische Buddhismus sei ein „Lamaismus“, eine derart weit vom Buddhismus Indiens entfernte Form des Buddhismus, daß sie diesen Namen gar nicht mehr verdient. Um aufzuzeigen, daß der tibetische Buddhismus tatsächlich eine authentische Form des Buddhismus ist, erinnert er an die engen Kontakte zwischen indischen Lehrern und tibetischen Schülern während der ersten und zweiten Zeit der Verbreitung des Dharma und weist auf die Autorität hin, die indische Texte in Tibet haben: „Jeder tibetische Buddhist, der auch nur das leiseste Bedürfnis verspürt, einen Zweifel über einen Punkt der Lehre auszuräumen oder der eine Quelle braucht, wird dazu auf Quellen in den Aussagen des Buddha oder eines seiner indischen Schüler zurückgreifen."

Zusammenfassend läßt sich sagen, daß *Der Weg des tibetischen Buddhismus* ein bemerkenswertes Werk darstellt. Es bietet in dichter und reichhaltiger Weise ein Kompendium der buddhistischen Lehre und Praxis und dient sowohl als Zusammenfassung des Wissens als auch als Einladung zu weiterem Studium. Nirgends in den vielen nachfolgenden Werken des Dalai Lama findet man eine klarere und prägnantere Darstellung der Wesenszüge des buddhistischen Denkens. Ja, in gewisser Hinsicht sind die vielen anderen Veröffentlichungen Seiner Heiligkeit nichts anderes als Kommentare zu diesem ersten Buch.

Der tibetische Buddhismus – eine kurze Übersicht

Eine Ansprache vor der Gemeinde des Zen-Zentrums Green Gulch bei San Franzisko. In der großen Versammlungshalle hatte die Gemeinde zuerst die Herz-Sutra gesungen. Danach hielt der Dalai Lama die folgende Ansprache.

Dharma-Freunde, ich bin sehr glücklich, hier mit euch meditieren zu dürfen, während ihr die *Herz-Sutra* nach japanischem Brauch singt, glücklich, weil wir Tibeter diese Schrift ebenfalls bei vielen Gelegenheiten rezitieren. Beim Mittagessen hat mir Baker Roshi eure Art zu üben erklärt. Sie ist sehr verschieden, ganz anders als unsere eigene. Aber diese Verschiedenartigkeit zeigt gerade den Reichtum und die Vielfalt des Buddhismus. Mitgefühl, Liebe, Güte, Toleranz und Selbstdisziplin, das ist der gemeinsame Antrieb, der gemeinsame Rahmen. Er beherbergt ganz unterschiedliche Philosophien und Methoden, die letztlich zum selben Ziel führen: Buddhaschaft, um allen Wesen helfen zu können.

Güte, unmittelbares Mitfühlen ist die Basis des gesamten Buddhismus. Gewöhnlich spricht man von einem Kleinen und einem Großen Fahrzeug. Ich ziehe die Begriffe Fahrzeug der Hörer *(nyan thos, śrāvaka)* und Fahrzeug der Bodhisattvas vor. Im Fahrzeug der Hörer geht es hauptsächlich darum, anderen Wesen nicht zu schaden. Ruhiges Verweilen *(zhi gnas, śamathā)* und der Besondere Klarblick *(lhag mthong, vispaśyanā)* umfassen auf der Grundlage der Sittlichkeit die gesamte Struktur dieses Fahrzeugs. Mit anderen Worten: die Grundlage, die Wurzel ist Gewaltlosigkeit – die Absicht, anderen Wesen nicht zu schaden. Damit aber ist Mitfühlen, das liebevolle Sich-Hinwenden auch im Fahrzeug der Hörer die grundlegende Lehre.

Hauptanliegen des Fahrzeugs der Bodhisattvas ist es, anderen zu helfen und ihnen zu dienen. Hier ist das Mitgefühl reifer geworden. Am Anfang, wenn Eure Fähigkeiten, anderen zu helfen, noch unterentwickelt sind, heißt Mitgefühl üben nur, daß Ihr anderen nicht schadet. Sind Eure Fähigkeiten dann gewachsen, heißt es, helfend auf die anderen Wesen zuzugehen. Mitgefühl, liebevolles Sich-Hinwenden ist demnach für beide Fahrzeuge die grundlegende Lehre.

Daß Güte und Mitgefühl für den Menschen auf einem religiösen Übungsweg wichtig sind, steht außer Frage. Aber darüber hinaus ist die Lebenshaltung von Liebe und Mitgefühl für alle wichtig, für jeden einzelnen, auch wenn er keinem solchen Übungsweg folgt. Selbst in einer materialistisch eingestellten Gesellschaft sind Liebe und Mitgefühl die Grundlage des Glücks. Ob Ihr an ein zukünftiges Leben glaubt oder nicht, ob Ihr an einen Buddha glaubt oder nicht, ob Ihr Euch dem Bodhisattva-Weg anvertraut oder nicht, Liebe und Güte wirken sich unabhängig davon auch im weltlichen Leben segensreich aus. Überdies sind Liebe, Güte und Mitgefühl ein Anliegen aller Religionen. Sie gehören zum Christentum, wie zum Hinduismus, wie zum Islam, wie zum Judentum, wie zum Sikhismus und so weiter. Jeder kennt ihren Wert, ganz gleich ob Gläubiger oder Agnostiker.

Die buddhistischen Schriften legen viele Techniken dar, die dieses Mitgefühl herbeiführen sollen. Sie beschreiben, wie wir Mitgefühl entwickeln, uns darin schulen und es anwenden können. Damit ist der Buddhismus für die heutige Gesellschaft sehr nützlich, besonders wenn es menschliche Probleme gibt mit Krieg, Aufruhr, Gewalt, Terrorismus. In diesen Fällen ist Mitgefühl eine wesentliche Kraft, sind Liebe und Güte von entscheidender Bedeutung. Wir mögen Politiker sein, Geschäftsmann, Kommunist, Wissenschaftler, Ingenieur, was auch immer, sobald wir mit unserem Tun auf die Gesellschaft einwirken, sind Liebe und Mitgefühl entscheidend. Und zwar aus einem einfachen Grund: Jede Arbeit kann ein Hilfsmittel sein, das den Menschen Segen bringt, wenn sie von einer sauberen Motivation ausgeht. Politiker, Geschäftsleute nützen den Menschen, wenn ihre Arbeit auf lauteren Motiven beruht. Wer aber seinen Beruf nicht aus lauteren Motiven ausübt, wer ihn einsetzt, seinen Eigennutz oder vielleicht sogar seine Wut zu befriedigen, der muß ihn zwangsläufig entstellen, zu einem Zerrbild machen. Die Kenntnisse, die bei solcher Tätigkeit gewonnen werden, können den Menschen keinen Segen bringen. Im Gegenteil, sie werden das Unglück der Menschheit vergrößern. Aus diesem Grund ist Mitgefühl der entscheidende Faktor. Mögen alle hier Anwesenden es üben und anwenden.

Ich will nun ein wenig über den tibetischen Buddhismus sprechen, indem ich ganz allgemein etwas über die Drei Schulungen sage, also über die Schulung in Sittlichkeit, Meditation und Weisheit. Für die Schriften des Fahrzeugs der Hörer heißt Schulung in Sittlichkeit, daß man vermeidet, anderen zu schaden. Für die Schriften des Fahrzeugs der Bodhisattvas bedeutet Schulung in Sittlichkeit im wesentlichen, Egoismus und Selbstsucht zu zähmen. Die tantrischen Systeme setzen den Schwerpunkt noch anders. Schulung in Sittlichkeit heißt für sie, gewöhnliche Erscheinungen wie auch alle begrifflichen Vorstellungen zu läutern, die unsere Gewöhnung an solche Erscheinungen verstärken. Die Terminologie unterscheidet sich von dem, was mir Euer Abt erklärt hat, aber die Grundbedeutung ist dieselbe.

Nun zur nächsten Schulung, der Meditation oder besser: ihrer Festigung, die wir mit dem Begriff Meditative Gleichgewichtfindung *(ting nge 'dzin, samādhi)* charakterisieren. Die Schriften des Fahrzeugs der Hörer beschreiben klar und deutlich, was zu diesem Zweck zu tun ist. Die Schriften des Fahrzeugs der Bodhisattvas schildern im Grunde dieselbe Art der Übung, auch wenn sie uns mit einer ganzen Vielzahl von Meditativen Gleichgewichtfindungen vertraut machen. Erst in den tantrischen Systemen lernen wir tiefere und umfassendere Ansätze kennen, dieses meditative Gleichgewicht zu gewinnen.

Das tibetische Wort für Konzentration oder Meditative

Sammlung *(bsam gtan, dhyāna)* hat dieselbe Bedeutung wie »Zen«. Wir wollen kurz beschreiben, wie sich diese Sammlung erreichen läßt. Wir können entweder einen äußeren Gegenstand oder den Geist selbst zu unserem Meditationsobjekt machen. Folgen wir der zweiten Methode und stellen den Geist selbst in das Zentrum unserer Betrachtung, wird unsere Praxis tiefer gehen.

Zur Haltung. Wir sitzen im vollen oder im halben Lotussitz, halten die Hände in der Geste der Meditativen Sammlung, das heißt die linke unter der rechten, wobei die Daumen sich leicht berühren und ein Dreieck bilden, dessen Grundseite etwa vier Fingerbreit unter dem Nabel liegt. Sitzt auf einem Kissen, das Euer Gesäß leicht anhebt, so daß Ihr nicht ermüdet, ganz gleich wieviel Samadhi Ihr auch entwickelt. Das Rückgrat ist gerade wie ein Pfeil, das Kinn ein wenig zur Kehle geneigt. Senkt die Augen ein wenig. Blickt über die Nase nach vorn. Berührt mit der Zunge leicht den Gaumen. Lippen und Zähne bleiben in ihrer normalen Position. Die Arme sind locker. Ihr preßt sie nicht gegen den Oberkörper.

Sollte Euer Geist von Wünschen, Begierden oder Haß getrübt sein, müßt Ihr als erstes eine Technik anwenden, mit der ihr Euch aus diesen Zuständen lösen könnt. Zählt zum Beispiel Eure Atemzüge. Sobald Ihr einundzwanzigmal ein- und ausgeatmet habt, beginnt Ihr wieder bei eins. Das ist eine ausgezeichnete Methode. Sie ist für diesen Zweck sehr geeignet, weil das Bewußtsein nicht zwei Wahrnehmungen gleichzeitig beachten kann. Wenn die Achtsamkeit auf den Atem gerichtet ist, kann sie sich nicht auf Begierde oder Haß konzentrieren, so daß diese Zustände verblassen müssen. Als nächsten Schritt müßt Ihr die richtige Motivation entwickeln: Mitgefühl und Uneigennützigkeit; der Wunsch, anderen zu helfen.

Konventionelle und endgültige Seinsformen des Geistes werden erklärt. Bei der Meditation, die wir gerade besprechen, geht es darum, den konventionellen Status des Geistes aufzuräumen und in Ordnung zu bringen. Laßt den Geist zu diesem Zweck nicht an irgendwelche vergangenen Ereignisse denken, aber laßt ihn auch nicht hinter Dingen herjagen, die in der Zukunft geschehen könnten. Vielmehr laßt den Geist, so wie er an sich ist: lebendig, klar, frei von Bewußtseinskonstrukten. Wenn Ihr darin verweilt, werdet Ihr erstens begreifen, daß der Geist wie ein Spiegel ist: er kann jedes Objekt, jede Vorstellung erscheinen lassen wie eine Spiegelung, wenn nur die notwendigen Voraussetzungen dafür erfüllt sind. Und Ihr werdet zweitens verstehen, daß das Wesen des Geistes reines Leuchten, ursprüngliches Wissen ist – ungetrübte, unmittelbare Erfahrung. Wenn es Euch gelingt, das Wesen des Geistes als reines Leuchten und Wissen zu erkennen, dann haltet diesen über die Erfahrung gewonnenen Umstand – dieses reine Leuchten, diese Wissens-Soheit – und verweilt darin.

Das ist das Vorgehen, wenn der Geist selbst das Objekt ist, das Euch zur Meditativen Gleichgewichtfindung führen soll. Wenn Ihr an Stelle des Geistes ein äußeres Objekt betrachten wollt, müßt Ihr anders üben. Sagen wir, Ihr wählt die körperliche Erscheinungsform Manjushris als Euer Meditationsobjekt. Dazu müßt Ihr zuerst ausgiebig ein Bild Manjushris betrachten, das Ihr später als Vorstellungsbild visualisiert. Das heißt, Ihr betrachtet zuerst ein äußeres Bild, und diese Betrachtung erzeugt ein entsprechendes inneres Bild, das dem Geist erscheint.

Ganz gleich ob es sich (wie beim Geist) um ein inneres oder (wie bei der körperlichen Form eines Buddhas) um ein äußeres Objekt handelt, Ihr müßt es nicht nur mental lokalisieren. Ihr braucht darüber hinaus auch Techniken, die dem Geist erlauben, mit ungeteilter Aufmerksamkeit bei dem Objekt seiner Betrachtung zu verweilen. Lärm zum Beispiel ist wie ein Stachel, der jegliche Konzentration verhindert. Deswegen ist es wichtig, daß Ihr Euch zu Anfang an einem ruhigen Ort aufhaltet, einem Ort etwa wie Euer Green Gulch Zen-Zentrum.

Darüber hinaus muß das Meditationsobjekt gefestigt und klar sein. Das heißt, Ihr benötigt im Hinblick auf das Objekt die Faktoren Festigkeit und Klarheit. Zuerst zur Festigkeit. Was verhindert ihre Entfaltung? Zerstreutheit und Aufgeregtheit. Davon gibt es grobe und feine Spielarten. Wenn der Geist zum Beispiel nicht bei seinem Objekt verweilen kann, sondern statt dessen abgelenkt, zerstreut oder aufgeregt wird, ist er einer groben Spielart dieser Aufgeregtheit verfallen und verliert darüber sein Objekt aus den Augen. Feinere Spielart heißt, daß er zwar sein Objekt nicht verliert, eine kleine Ecke des Geistes jedoch damit beschäftigt ist, an etwas anderes zu denken. Ihr müßt alle Zerstreutheit und Aufgeregtheit sofort aufdecken, wenn sie erscheinen, und mit dem Gegenmittel stetiger Achtsamkeit verhindern, daß der Geist unter ihren Einfluß gerät.

Was nun verhindert Klarheit? Das erste Hindernis ist Dumpfheit, eine gewisse geistige und körperliche Schwere. Dumpfheit kann darüber hinaus Laschheit hervorbringen, die dann ihrerseits Klarheit verhindert. Auch von der Laschheit gibt es grobe und feine Spielarten. Grobe Laschheit heißt, daß der Geist schwer wird und sinkt, und das Objekt der Betrachtung verblaßt, bis es verschwindet. Feine Laschheit heißt, daß das Objekt der Betrachtung zwar nicht verlorengeht, aber an Klarheit verliert, wie auch gleichzeitig der Geist an Klarheit verliert. Die Spannung des Geistes ist herabgemindert. Der Geist ist zu »locker«.

Wenn Zerstreutheit und Aufgeregtheit Euch plagen, müßt Ihr die Wahrnehmungsintensität des Geistes vermindern. Seid Ihr hingegen lasch und kraftlos, müßt Ihr die Wahrnehmungsintensität steigern. Was wir brauchen, ist eine Mittellage, eine Wahrnehmungsintensität und -dichte, bei der der Geist alles mühelos und klar wahrnehmen kann. Also: Laufen wir Gefahr, aufgeregt und zerstreut zu werden, müssen wir unsere Anspannung lockern. Laufen wir Gefahr, uns gehen zu lassen, müssen wir sie im Gegenteil verstärken.

Demnach ist Achtsamkeit die tragende Kraft hinter der Entwicklung Meditativer Gleichgewichtfindung. Sie ist der Faktor, der das Objekt festhält, mit dem Ihr Euch vertraut gemacht habt, und Euch nicht davon abschweifen läßt. Noch ein weiteres Element fördert den Prozeß Meditativer Gleichgewichtfindung: Selbstbeobachtung. Damit ist gemeint, daß

Ihr gelegentlich selbst darauf achtet, ob in der Zwischenzeit Laschheit oder Aufgeregtheit entstanden sind. In den Schriften heißt es, daß Meditative Gleichgewichtfindung innerhalb von sechs Monaten erreichbar ist, wenn erstens Achtsamkeit und Selbstbeobachtung dafür sorgen, daß das Objekt der Betrachtung kontinuierlich im Bewußtsein gehalten wird, und wenn zweitens die förderlichen Begleitumstände von Verdienst und so weiter gegeben sind.

Während Ihr Meditatives Gleichgewicht entwickelt, durchläuft der Geist neun Stadien. Kurz beschrieben passiert etwa folgendes: Am Anfang werdet Ihr euch fast gewaltsam bemühen müssen, den Geist auf das Objekt der Betrachtung zu richten. Später werdet Ihr ohne gewaltsame Anstrengung mit Unterbrechungen beim Objekt der Betrachtung verweilen können, worauf Ihr es im nächsten Schritt sogar ununterbrochen präsent halten könnt, und zwar entspannter als zuvor. Schließlich verweilt Ihr spontan und mühelos bei dem Objekt. Alle Anstrengung die Ihr für die Gegengifte gegen Laschheit und Aufgeregtheit aufwenden mußtet, ist nun von Euch abgefallen. Wenn Ihr dann vier Stunden lang klar und ununterbrochen mühelos bei dem Objekt Eurer Betrachtung verweilen könnt, habt Ihr den Umstand erreicht, den wir als Festigkeit des Geistes bezeichnen. Darin lösen sich alle ungünstigen Bedingungen von Körper und Geist auf, die diese für eine positive Entwicklung unbrauchbar machen. Unter Auflösung verstehen wir, daß die grobstofflichen Winde oder Energien sich auflösen, die Körper und Geist tragen. An ihre Stelle tritt nun die Wonne körperlicher und geistiger Geschmeidigkeit, in der sich Körper und Geist positiv weiterentwickeln. Das heißt: dem Heilsamen dienstbar sind. Wenn dies geschieht, habt Ihr das Meditative Gleichgewicht des Ruhigen Verweilens erreicht [eine ausführliche Beschreibung des Weges zum Ruhigen Verweilen ist in Kapitel 5 enthalten].

Auch wenn diese Art der Meditativen Sammlung für die höheren Pfade unerläßlich ist, ist sie doch keine Besonderheit des Buddhismus. Man findet sie auch in hinduistischen und anderen nicht-buddhistischen Systemen der geistigen Schulung vorgestellt. In den nicht-buddhistischen Systemen der sogenannten Furtler *(mu stegs pa, tīrthika)* verwirklicht man das Meditative Gleichgewicht des Ruhigen Verweilens und nennt es das »Nicht-Unzureichende« *(mi lcog med, anāgamya)*. Es ist die vorbereitende Stufe für die sogenannte erste Versenkung. Das heißt, man übt auf der Grundlage des Ruhigen Verweilens sechs geistige Kontemplationen, die zur ersten bis vierten Versenkung führen und von dort aus zu den vier zusätzlichen Versenkungsstufen, die dem Bereich der Formlosigkeit zugeordnet werden: Raumunendlichkeit; Bewußtseinsunendlichkeit; Nicht-Etwasheit; und Gipfel zyklischer Existenz – also Zustände von immer subtilerer Meditativer Gleichgewichtfindung. Die buddhistischen Systeme von Sutra und insbesondere Tantra lehren dagegen, daß die verfeinerten Versenkungsstufen nicht unbedingt erreicht werden müssen. Nach ihrer Darstellung genügt es, wenn die mentale Betrachtung des »Nicht-Unzureichend« erlangt wurde, das Ruhige Verweilen, das die Ausgangsbasis für die erste Versenkung ist.

Was haben wir nun davon, wenn wir zu derartigen Meditativen Gleichgewichtfindungen gelangen? Es geht nicht darum, den Geist einer höheren Daseinsstufe zu erlangen, etwa den Geist der ersten Versenkung, und damit *für eine begrenzte Zeit* die offenbar gewordenen, groben Plagen *(nyon mongs klésa)* einfach dadurch zu verdrängen, daß man die niederen Daseinsebenen als grob und die höheren als friedvolle Paradieszustände betrachtet. Demnach geht es nicht um einen Fortschritt im Sinne eines weltlichen Pfades. Es geht um etwas anderes: Die Meditative Gleichgewichtfindung soll Ausgangsbasis sein für den alle weltlichen Begriffe sprengenden Besonderen Klarblick *(lhag mthong, vipaśyanā)*, der Selbst-Losigkeit erkennt und damit alle Plagen *ein für allemal* beseitigt.

Um die Weisheit zu erzeugen, die die Selbst-Losigkeit Eures Bewußtseinskontinuums erkennen kann, müßt Ihr als erstes die Bedeutung von Leerheit, von Selbst-Losigkeit begreifen. »In gutem Glauben an eine Sache meditieren« heißt, daß Ihr diesen Glauben erzeugt, indem Ihr den Geist in ein Bewußtsein verwandelt, das diesen bestimmten Glauben hat. Analog heißt »über Selbst-Losigkeit meditieren«, daß Ihr Selbst-Losigkeit oder Leerheit zu Eurem Meditationsobjekt macht. Leerheit ist also der Gegenstand der Wahrnehmung Eures Geistes, und um damit umgehen zu können, müßt Ihr wissen, was Leerheit oder Selbst-Losigkeit eigentlich ist. Nāgārjunas *Grundlegende Abhandlung über den Mittleren Weg (dbu ma'i bstan gcos, madhymakaśāstra)* macht deutlich, daß man die Erscheinungen nicht deswegen als »leer« bezeichnet, weil sie vielleicht untauglich wären, bestimmte Funktionen zu erfüllen. Vielmehr sind sie leer, weil sie Abhängige Entstehungen sind. Nagarjuna begründet die Leerheit der Erscheinungen nicht mit ihrer Unfähigkeit, bestimmte Funktionen zu übernehmen, sondern mit der Tatsache, daß sie Abhängige Entstehungen sind. Daraus ist zu entnehmen, daß Leerheit und Abhängige Entstehung gleichbedeutend sind.

Da die Dinge Abhängige Entstehungen sind, in gegenseitiger Abhänigkeit zustande kommen, gibt es kein Ding, das un-bedingt ist, kein Ding, das nicht in einem solchen Abhängigkeitsverhältnis stehen würde. »Abhängig« und »unabhängig«, »bedingt« und »un-bedingt« schließen einander eindeutig aus. Sie sind unvereinbar. Das heißt, daß die Dinge, wenn sie durch gegenseitige Bedingtheit zustande kommen, mit Sicherheit nicht un-bedingt sein können. Was abhängig ist, kann nicht gleichzeitig unabhängig sein. Das Selbst aber ist definiert als Unabhängigkeit oder Nicht-Bedingtheit durch ein anderes. »Selbst« heißt, daß da etwas aus sich selbst zustande gekommen ist. So etwas gibt es nicht. Deswegen sprechen wir von »Selbst«-Losigkeit.

Die Folgernde Schule *(thal 'gyur pa, prāsaṅgika)*, die Nāgārjunas Denken in reinster Form vertritt, geht davon aus, daß es zwei Arten von Selbst-Losigkeit gibt: Selbst-Losigkeit von Personen und Selbst-Losigkeit von Erscheinungen. Diese Unterteilung berücksichtigt allerdings nur die äußerlichen Träger, die rein äußerlichen Unterschiede zwischen Personen und den übrigen Erscheinungen, die kein Selbst haben. Sie will nicht feststellen, daß sie sich in bezug auf die Art ihrer Leerheit voneinander unterscheiden würden.

Wie nun können wir die Bedeutung von Selbst-Losigkeit ermitteln? Im allgemeinen mit Hilfe analytischer Meditation, indem wir schlußfolgernd gedanklich analysieren. Aus diesem Grund konfrontiert uns Nagarjunas *Grundlegende Abhandlung über den Mittleren Weg* mit vielen Überlegungen und Schlußfolgerungen, die aus ganz verschiedenen Gesichtspunkten veranschaulichen, daß alle Erscheinungen leer sind, insofern sie nicht aus eigener Kraft bestehen, insofern sie nicht inhärent existieren können. Im Abschnitt »Die Fragen Kashyapas« *('os srung gi le'u, kāśyaparivarta)* heißt es in der *Sammlung von Kostbarkeiten (dkon btsegs, ratnakūtasūtra)* bei der Darstellung der Drei Pforten der Befreiung, daß Formen *nicht* leer sind, weil es *eine Leerheit gibt,* sondern weil sie *an sich* leer sind. Leerheit heißt nicht, daß ein Objekt in Relation zu einem anderen Objekt (nämlich in Relation zur Leerheit) leer ist. Leerheit heißt, daß es selbst leer ist, weil es keine inhärente Existenz besitzt. Es geht also nicht darum, daß »etwas« von etwas anderem »leer ist«, vielmehr ist der springende Punkt, daß es *an sich* leer ist. Die Dinge sind leer, weil sie sich nicht aus sich konstituieren können.

Ähnlich steht es im *Herz-Sutra*. Dort heißt es: »Form ist Leerheit, Leerheit ist Form«. Form ist nur ein Beispiel für Erscheinung. »Form ist Leerheit« bedeutet, daß das letztliche Wesen von Form ihre natürliche Leerheit von inhärenter Existenz ist. Da Formen Abhängige Entstehungen sind, sind sie leer von unabhängiger Selbstwesenhaftigkeit.

»Leerheit ist Form« bedeutet, daß diese natürliche Leerheit bezüglich inhärenter Existenz, dieses letztendliche Wesen, Leerheit – die das Nichtvorhandensein einer Selbstwesenhaftigkeit der Dinge ist, die in Abhängigkeit von anderen Faktoren existieren – Form überhaupt erst ermöglicht. Formen sind die Freude dieser Leerheit und werden von ihr in Abhängigkeit von besonderen Bedingungen begründet. Da Formen einer echten Begründung entbehren, da Formen die Grundlage der Leerheit sind, ist Leerheit Form. Formen treten als Leerheit in Erscheinung, Spiegelbildern der Leerheit gleich.

Nicht von anderen Faktoren unabhängig zu sein, das ist

das eigentliche Wesen aller Formen. Formen sind selbst nicht ihr eigentliches Wesen, sondern sind leer von einem Sein, das ihr eigentliches Wesen sein könnte. Deswegen sind Formen die Lust und der Zeitvertreib der Leerheit. Wie die beiden Seiten der Hand hier. Von der einen Seite aus gesehen ist da die Leerheit inhärenter Existenz. Betrachtet man sie hingegen von der anderen Seite, existiert die Erscheinung, die das Substrat der Leerheit ist. Sie sind eine Wesenheit. Deswegen ist Form Leerheit und Leerheit Form.

Ihr werdet Euch immer weiter entwickeln, über die einzelnen Pfade wie auf einer Stufenfolge fortschreiten, wenn ihr auf diese Weise die Bedeutung der Leerheit kontempliert. Das Mantra des *Herz-Sutras* deutet dies an: *Gate gate pāragate pārasamgate bodhi svāhā* (Gehe weiter, gehe weiter, gehe darüber hinaus, gehe vollkommen darüber hinaus, sei in Erleuchtung fest gegründet). Das erste *Gate* bezieht sich auf den Pfad der Ansammlung, das zweite auf den Pfad der Vorbereitung. Im Verlauf dieser beiden Pfade ermittelt Ihr die Leerheit auf scheinbar dualistische Weise; das heißt, Ihr unterscheidet noch zwischen dem Weisheitsbewußtsein einerseits und der zu verwirklichenden Leerheit andererseits. *Pāragate* (Gehe darüber hinaus) zeigt den Übergang von der weltlichen zur überweltlichen Ebene des Pfades des Sehens an, auf der der dualistische Schein verschwunden ist. *Pārasamgate* (Gehe vollkommen darüber hinaus) verweist auf den Pfad der Meditation, in dessen Verlauf Ihr Euch immer und immer wieder mit der Leerheit vertraut macht, die auf dem Pfad des Sehens erstmals unmittelbar sichtbar geworden ist. Über diesen Pfad der Meditation geht Ihr schließlich über das Dasein im Kreislauf der Existenzen hinaus, geht Ihr weiter zur Ebene der Erleuchtung – zu erleuchtetem Sein, das für alle Wesen eine Quelle der Hilfe und des Glücks ist.

Damit kommen wir zum Ende unserer kurzen Darstellung der Leerheit, die wir nicht als intellektuelle Spielerei auffassen wollen. Vielmehr ist Leerheit das Objekt, mit dessen Hilfe der Übende zuerst die Weisheit entwickelt, die durch Hören entsteht, mit dem er dann weiter die Weisheit ermittelt, die aus Erwägen und Nachdenken erwächst, und mit dem er schließlich über die Stufen des Pfades fortschreitet, indem er darüber meditiert.

Ich habe mich bei meiner kurzen Darlegung der Drei Schulungen von Sittlichkeit, Meditation und Weisheit bis zu diesem Punkt an die Ausführungen der Sutras gehalten. Das Höchste Yoga Tantra geht etwas anders vor. Dort liegt der Schwerpunkt nicht auf analytischer Meditation, sondern es werden Methoden betont, die die Meditative Gleichgewichtfindung noch weiter stabilisieren. Man arbeitet mit vielen Techniken, bei denen es hauptsächlich darum geht, sich auf besonders wichtige Punkte des Körpers zu konzentrieren, auf die vier oder sechs Hauptzentren *('khor lo, cakra)* und so weiter.

Im System des Höchsten Yoga Tantra praktiziert der Schüler gleichzeitig alle Drei Fahrzeuge: In seinem äußeren Leben hält er sich an die Disziplin, die zur persönlichen Befreiung erforderlich ist. Damit entspricht er den Vorschriften des Fahrzeugs der Hörer. Innerlich strebt er zum Wohl der Wesen nach Erleuchtung. Damit folgt er dem Fahrzeug der Bodhisattvas. Und auf der geheimen Ebene vervollständigt er diese beiden Bemühungen mit dem Geheimen Mantra, das heißt, er setzt das Fahrzeug der Tantras, das Vajrayana, in die Praxis um.

Soweit mein kleiner Überblick über den tibetischen Buddhismus.

Aber ich hege auch große Bewunderung für Euren Schulungsweg. Wenn wir uns um innere Entwicklung bemühen, sind, wenn überhaupt, in kurzer Zeit nur sehr schwer entscheidende Fortschritte möglich. Wir dürfen nicht zu große Erwartungen haben, wenn wir zu üben beginnen. Wir brauchen Geduld und feste Entschlossenheit. Dies ist die beste Einstellung. Dann wird der innere Fortschritt sich über die Jahre entfalten und zeigen können. Ein tibetischer Lama hat einmal dazu gesagt: »Wenn man sich die Sache nur kurz besieht, mag man nicht glauben, daß man überhaupt etwas erreichen kann. Zusammengesetzte Erscheinungen bleiben jedoch nicht unverändert, was sie sind. Sie wandeln sich je nach den Umständen. Laßt Euch nicht entmutigen und bleibt nur bei Eurer

Übung, dann werdet Ihr erleben, daß eines Tages etwas passiert, was Ihr in Jahren nicht für möglich gehalten hättet.« Willenskraft und Entschlossenheit sind also wesentlich für uns, die wir vorgeben, einem geistigen Weg zu folgen. Nicht weniger wichtig ist jedoch unser Verhalten im Alltag. Eine sittlich einwandfreie Lebensführung bedeutet sehr viel, für uns selbst wie für die Gesellschaft, in der wir leben.

Wenn wir, die wir vermeintlich buddhistische Lehren wie Güte, Mitgefühl und so weiter üben, tatsächlich ein anständiges und vernünftiges Leben führen, ist dies gutes Anschauungsmaterial, ein gutes Beispiel, das anderen helfen wird, den Wert des Buddhismus zu erkennen. Wer hingegen nur vorgibt einem Schulungsweg zu folgen, in seinem Verhalten und Lebensstil jedoch weder Anstand noch Vernunft walten läßt, wird nicht nur sich selbst schaden, sondern wirft damit ein schlechtes Licht auf die Lehre allgemein. Gewissenhaftigkeit ist also sehr wichtig. Und darum möchte ich Euch bitten.

Vielen Dank. Ich war sehr glücklich hier. Als Ihr heute morgen die Glocke angeschlagen habt, habe ich mich ein wenig wie zu Hause in meinem Kloster in Tibet gefühlt. Ich war sehr froh und zufrieden. Ich mußte an Tibet denken, an die vielen Morgen, als die Glocke noch im Dunkeln, noch vor der Dämmerung schlug – und ich mich noch ein wenig schläfrig fühlte.

Das Auge einer neuen Achtsamkeit öffnen

1. Die Notwendigkeit religiöser Übung

Verehrung Ihr, der endgültigen, erhabenen Weisheit, die alle Erscheinungen bis ins Kleinste unterscheiden kann.

In unserer heutigen Zeit, dem zwanzigsten Jahrhundert, einer Epoche der Chemikalien und Massenvernichtungswaffen – von den zehn Fünfhundertjahresperioden[1] der Lehre des vierten Weltenführer und Lehrers [Buddha Shakyamuni][2] die Periode der Sittlichkeit – hat der materielle Fortschritt einen hohen Entwicklungsgrad erreicht und wächst sogar noch weiter. Gleichzeitig wird eine entsprechende Entwicklung und Erweiterung der inneren Bewußtheit und Lebenseinstellung immer dringlicher.

Der buddhistische Weg lehrt, daß Denken und Meditation innere Bildung gewährleisten, und daß es deswegen von entscheidender Bedeutung ist zu wissen, *wie* man denkt und *wie* man meditiert. Darum will ich das folgende kurze Werk verfassen: *Die Entfaltung der Neuen Bewußtheit*. Es macht nicht viele Worte, bemüht sich um allgemeine Verständlichkeit, damit auch jene von begrenztem Verdienst es verstehen können, die nicht die Muße haben und nicht das Glück, die tiefschürfenden und weitreichenden Originaltexte vergangener Meister zu studieren. Trotz seiner Kürze erweitert jedoch auch dieses Werk die Weisheit, die alle Erscheinungen bis ins Kleinste unterscheiden kann.

Alle Wesen sind sich insofern gleich, als sie nach Glück streben und vor dem Leiden zurückschrecken. Das gilt nicht nur für uns Menschen mit unserem vergleichsweise hochentwickelten Verstand. Das gilt für alle. Von den scheinbar fühllosesten und unbedeutendsten Kreaturen, vom winzigen Insekt an aufwärts streben alle Wesen nach Glück und möchten selbst das kleinste Leid vermeiden. Deswegen müssen alle, wir selbst wie auch alle übrigen Wesen, einen Weg finden, der

Glück erzeugt und gleichzeitig verhindert, daß Leid entsteht. Ohne diesen Weg kann es kein Glück geben, und das Leiden wird nicht verschwinden, denn es reicht nicht in der Hoffnung zu warten: »Wie schön wäre es doch, wenn das Glück mir folgen und Leid mich meiden würde!« Das aber heißt: Wir müssen zum einen die Voraussetzungen schaffen, aus denen das Glück wachsen kann, und zum anderen die Ursachen des Leidens aufgeben.

Nur ein Weg schenkt uns in wirklich umfassendem Sinn die Mittel, die uns fest in den Ursachen von Glück und Segen verankern und uns gleichzeitig von den Ursachen von Schaden und Leid befreien: *Dharma,* religiöse Übung, gelebte Religion. Religiöse Übung gibt uns die Kraft, in diesem und in vielen zukünftigen Leben Glück herbeizuführen und Leid zu mindern. In diesem Leben. Im nächsten Leben. In dem Leben, das darauf folgt. Und so weiter.

Auch in unserem jetzigen Leben gibt es nichts, das uns glücklicher machen und unser Leid besser beheben könnte als religiöse Übung. Um diese These zu belegen, wollen wir einmal die Wirkung physischer Krankheit auf verschiedene Menschen betrachten. – Wer im wesentlichen verstanden hat, was Religion *(chos, dharma)* eigentlich bedeutet, wird seelisches und körperliches Leiden anders erfahren und eher lindern können, als ein Mensch, der über kein entsprechendes Verständnis verfügt. Wer seine Religion nicht lebt und nicht begreift, worum es bei religiöser Übung überhaupt geht, wer infolgedessen nicht den befreienden Geschmack kennt, den solche Übung schenkt, wird nicht nur unter den Schmerzen leiden, die die körperliche Krankheit ihm zufügt. Er wird darüber hinaus schwer daran tragen, daß er seine Krankheit seelisch nicht bewältigen, sie nicht verarbeiten kann. Ohne Aussicht auf jegliches Glück, leidet er seelisch und körperlich zugleich.

Wer hingegen die wesentlichen Gesichtspunkte religiöser Übung verstanden hat, wird auch die Kraft haben, sein Leiden wie aus freiem Entschluß zu tragen. Er wird sich zum Beispiel sagen, daß sein Leiden die Frucht schlechter Taten aus der

Vergangenheit ist, und er wird die Verantwortung für seine früheren Handlungen bereitwillig übernehmen wollen, weil er das Leiden als wesensmäßigen Bestandteil des Kreislaufs der Existenzen begreift. Deswegen leidet er auch nicht seelisch darunter und kann eben darum seine Schmerzen leichter erdulden. Sein Denken nimmt dem krankheitsbedingten Leiden die Spitze. Dies ist möglich, weil in dem Paar von Körper und Geist der Geist den Körper beherrscht, der Körper hingegen der Kontrolle des Geistes unterliegt. Geistig-seelisch bedingter Schmerz und geistig-seelisch bedingte Freude stellen eine größere Macht dar [als die Freuden und Leiden des Körpers].

Ähnlich verhält es sich mit Menschen, die nach dem Glück materiellen Reichtums streben. Sie raffen ein Vermögen zusammen und kämpfen darum, dieses Vermögen auch zusammenzuhalten. Sie kämpfen einen Kampf, der sie physisch und psychisch aushöhlt. Ihre Leiden sind zahlreich. Als erstes leiden sie darunter, daß sie doch nicht so viele Schätze zusammentragen konnten, wie sie sich ursprünglich erträumt hatten. Was sie auch horten, es ist zu wenig. Dazu leiden sie darunter, daß sie ihren Reichtum nicht absolut sicher schützen können gegen Diebstahl, Verlust, Wertminderung, Mißwirtschaft und was es dergleichen gibt. Aber selbst damit hat ihr Leiden noch kein Ende, denn sie leiden schließlich, weil ihr Eigentum zwangsläufig in andere Hände fallen wird, und sie sich eines Tages endgültig davon trennen müssen. Solche vermögens- und besitzbedingten Leiden entstehen nur, wenn die zentralen Wahrheiten religiöser Übung nicht verstanden wurden. Wer diese Wahrheiten hingegen verstanden hat, erkennt damit, daß aller Reichtum substanzlos ist wie ein Tautropfen auf einem Grashalm, [der nach Sonnenaufgang schnell verdunstet].

Deswegen unterwirft sich dieser Mensch auch nicht den Leiden, die mit dem ermüdenden Horten und Bewahren von materiellem Reichtum einhergehen, und ebensowenig kann ihn erschüttern, daß er sich eines Tages gegen seinen Wunsch davon wird trennen müssen.

Unfreundliche Worte rufen in ähnlicher Weise eine Wirkung oder eben auch keine Wirkung hervor. Offene Beschimpfungen, versteckter Tadel, Verleumdungen durch andere und so weiter schmerzen uns gewöhnlich wie ein Stachel im Herzen. Sobald wir aber die Prinzipien religiöser Übung begriffen haben, durchschauen wir alle bösen Worte. Sie sind nur Echo, haben keine Substanz und können also auch kein Leid erzeugen. Wenn sie fallen, prallen sie von uns ab wie von einer Wand.

Das gleiche gilt noch für viele andere Formen des Leidens: das Leiden, Feinde nicht endgültig vernichten und Freunde nicht halten zu können; das Leiden, andere gewinnen und sich selbst verlieren zu sehen. Es gilt für alle mit Gewinn und Verlust, Glück und Unglück verbundenen Hoffnungen und Ängste, für allen physischen und psychischen Schmerz, und ist selbst damit noch nicht in seiner Wirkung erschöpft. Dasselbe Prinzip kommt nämlich auch dann zum Tragen, wenn aus der Zwietracht und Feindschaft zwischen den Nationen schreckliche Kriegsverwüstungen entstehen, die das Glück ungezählter Menschen vernichten, so daß nicht einmal das Wort »Glück« noch übrig bleibt, und das Leiden tost wie ein sturmgepeitschtes Meer.

Dies aber bedeutet: die großen und kleinen Leiden dieses Lebens entstehen, wenn die Menschen nicht begreifen, was religiöse Übung tatsächlich heißt und von ihnen verlangt, und wenn sie ferner ihr Verständnis nicht in die Praxis umsetzen.

Alle diese Leiden kommen zu einem Ende, sobald wir Religion verstehen und ihr gemäß leben. Warum? Die eben geschilderten Schwierigkeiten entstehen nur, wenn es Stolz, Geiz und Eifersucht gibt. Sie entstehen in Abhängigkeit von Drei Wurzelursachen: Gier, Haß, Verblendung.

Indem wir diese in der Hauptsache geistig-seelischen Makel durch die Kraft religiöser Übung zum Abklingen bringen und hinter uns lassen, erschließen wir uns ein neues Lebensgefühl: Wir sind zufrieden; wir nehmen unsere tieferen Interessen wahr; wir respektieren andere Menschen und ihre Ansichten;

wir sind gewissenhaft. Körper und Geist verweilen konstant in einer heilkräftigen Stille. Kurz, es gibt keine Ursachen mehr, aus denen unerträgliches Leid erwachsen könnte. Wenn wir also in unserem jetzigen Leben Glück und Freude gewinnen und Leiden verhindern wollen, müssen wir unter allen Umständen die Hauptwahrheiten religiöser Übung verstehen und dann praktisch anwenden.

Dabei sollten wir jedoch nicht nur das Glück dieses Lebens im Auge haben. Wie groß das Glück dieses Lebens auch sein mag, es dauert nur bis zum Tod, das heißt bestenfalls einhundert Jahre, denn kaum ein Mensch wird sehr viel älter. Die zukünftigen Leben sind die längere Wanderung, und wir müssen deswegen unsere langfristigen Interessen wahrnehmen: wir müssen uns um die Mittel bemühen, die auch in zukünftigen Leben Glück mehren und Leiden mindern werden. Dies bedeutet, daß wir einen Weg religiöser Übung gehen müssen, denn kein anderer Weg kann ein solches Glück herbeiführen.

Wiedergeburt

Es ist demnach notwendig, auf eine hohe Qualität zukünftiger Geburten hinzuwirken. Da sich aber um das Thema Wiedergeburt zahlreiche Mißverständnisse ranken, wollen wir bei dieser Gelegenheit kurz die Ansichten verschiedener Leute betrachten, die von Wiedergeburt nichts wissen, oder aber, wenn sie etwas davon wissen, die Gründe dafür nicht wirklich verstehen. Wer über Wiedergeburt nichts Näheres weiß, glaubt vielleicht, daß unser gegenwärtiges Bewußtsein ausschließlich auf dem Körper beruht und daß es schon allein deshalb keine »vergangenen« und »zukünftigen« Leben geben kann, weil niemand sie unmittelbar erlebt hat und sie folglich auch nicht verläßlich bezeugen kann. Das heißt, man glaubt, daß nur dann etwas wirklich existiert, wenn man es auch unmittelbar sehen kann.

Nach der Sichtweise anderer wiederum entsteht Geist in Abhängigkeit vom Körper und der Körper in Abhängigkeit von den vier Elementen [Erde, Wasser, Feuer, Luft]. Auch diese Sichtweise geht davon aus, daß es keine früheren Leben gibt. Sie lehrt, daß der Körper beim Tod in die vier Elemente zerfällt, während der Geist zu Raum wird, einem verblassenden Regenbogen gleich. Daraus wird dann geschlossen, daß es zukünftige Leben nicht geben kann.

Über die angebliche Abhängigkeit geistiger Bewußtheit vom Körper gibt es verschiedene Ansichten. Eine davon behauptet, daß das Bewußtsein sich von der Natur des Körpers herleitet, daß zwischen Körper und Geist also ein ähnliches Verhältnis besteht wie zwischen Bier und seiner Fähigkeit zu berauschen. Andere stellen das Bewußtsein als eine Wirkung des Körpers dar: das Bewußtsein ist das Licht, der Körper die Lampe, die dieses Licht aussendet. Wieder andere halten das Bewußtsein für eine Eigenart des Körpers – wie ein Wandgemälde auf einer Wand.

Damit setzen alle diese Ansichten voraus, daß das Bewußtsein, das in diesem Leben erscheint, nicht auf ein ähnlich geartetes Bewußtsein früheren Datums zurückgehen muß, sondern statt dessen von nicht-bewußten Elementen ganz anderer Art abstammt, wie die Beispiele Bier und Rauschwirkung, Brennglas und Feuer verdeutlichen. Mit anderen Worten: die sich manifestierende Wirkung ist von anderer Qualität als ihre Ursache.

Aber es gibt diesbezüglich noch andere Trugschlüsse. So beobachtet man zum Beispiel, daß nirgendwo ein Wesen zu finden ist, das Erbsen rund, Dornen spitz und Pfauenaugen bunt machen würde, und stellt ferner fest, daß hartherzige und habgierige Kreaturen sehr wohlhabend werden und Mörder sehr lange leben können. Daraus schließt man dann irrtümlich, es gäbe keine Verursachende Wirkung von Taten *(las, karma)*, [die sich über mehrere Lebenszeiten erstrecken würde]. Ein weiterer typischer Trugschluß ist auf zu eng interpretierte hellseherische Erfahrungen zurückzuführen. Ein Beispiel: Man hat zu bestimmten Versenkungszuständen *(snyoms 'jug, samāpatti)* Zugang, erkennt dadurch, daß ein Mensch, der in früheren Leben sehr hartherzig und habgierig war, trotzdem auch im nächsten Leben in eine wohlhabende Familie hineingeboren wird, und schließt daraus irrtümlich, daß es kein Gesetz von Ursache und Wirkung aller Taten gäbe. Auch wähnt sich mancher schon in der Befreiung *(thar pa, mokṣa)*, nur weil er durch Meditative Gleichgewichtfindung *(ting nge dzin, samādhi)* in bestimmte Sammlungszustände *(bsam gtan, dhyāna)* oder Versenkungen geraten ist, die zum Bereich der Formlosigkeit *(gzugs med kyi snyoms 'jug, arūpyasamāpatti)* gehören. Das ist der erste Irrtum. Daraus folgt der zweite, nämlich daß man die Tatsächlichkeit der Befreiung in Frage stellt, nur weil man aus solchen Zuständen notwendigerweise wieder herausfällt und erneut im Kreislauf der Existenzen Geburt annimmt.

Ungeachtet der Vielzahl solcher und ähnlicher Behauptungen, gibt es tatsächlich frühere und zukünftige Leben, und zwar aus folgendem Grund: Wir sind erwachsen und haben ein bestimmtes Alter. Trotzdem können wir uns an bewußt erlebte Momente des letzten Jahres, des vorletzten Jahres, ja zurück bis zu Momenten aus unserer Kindheit erinnern. Unsere eigene Erfahrung bestätigt also, daß es einmal ein Bewußtsein gegeben hat, das dem gegenwärtigen Erwachsenenbewußtsein als ein Kontinuum vorausgegangen ist. Dasselbe gilt nun für die Anfangsgründe des Bewußtseins unseres jetzigen Lebens: dieses Bewußtsein ist nicht ohne Ursache zu dem geworden, was es jetzt ist; es ist nicht aus einer ewigen Wesenheit hervorgegangen; und es stammt auch nicht von unbelebter, nicht-bewußter Materie ab. Würde es davon abstammen, müßte Materie seine ungleichartige substantielle Ursache sein. Da eine solche Abstammung aber unmöglich ist, muß das Bewußtsein von einer substantiellen Ursache der gleichen Art abstammen.

Was bedeutet Gleichartigkeit von Ursache und Wirkung in diesem Fall? Es will sagen: Das Bewußtsein [des neuen Lebens, der neuen Geburt] ist eine Intelligenz, eine Bewußtheit, die selbst ein mitwirkendes Moment von Licht und Wissen darstellt. Es muß ihm deswegen ein ähnliches mitwirkendes Moment von Licht und Wissen vorausgehen. Demnach kann das Bewußtsein unmöglich etwas anderes sein als das Produkt des Bewußtseins eines früheren Lebens. Würden nämlich ausschließlich physische Elemente das Bewußtsein substantiell verursachen, ergäben sich daraus eine Menge Ungereimtheiten. So müßten wir dann zum Beispiel annehmen, daß auch ein Leichnam ein Bewußtsein hat, und daß das Bewußtsein automatisch kräftiger wird oder verfällt, wenn der Körper kräftiger wird oder verfällt.

Was zu einer Bewußtseins-Entität werden kann, nennen wir substantielle Bewußtseinsursache. Der Körper ist jedoch eine mitwirkende Gegebenheit, die das Bewußtsein entweder verstärkt und unterstützt oder hemmt. Eine substantielle Ursache des Bewußtseins ist er in keinem Fall. Nicht-Bewußtsein kann unmöglich Bewußtsein und Bewußtsein unmöglich Nicht-Bewußtsein werden.

Natürlich wird zuweilen behauptet, daß eine solche Umwandlung möglich sei, und man führt auch Beispiele dafür an, etwa die Umwandlung bestimmter äußerer Objekte [wie Holz, das verbrennt und damit zu Feuer wird; oder Holz, das im Laufe der Jahrtausende versteinert]. Es besteht jedoch ein qualitativer Unterschied zwischen Umwandlungen auf der geistigen Ebene des Bewußtseins und reinen Zustandsveränderungen auf materieller Ebene. [Fühllose und nicht-bewußte Materie kann sich ebensowenig] in formloses Empfindungsvermögen, in eine nicht an eine Form gebundene Bewußtheit verwandeln wie etwas, das selbst nicht Raum ist, Raum werden oder Raum nicht-Raum werden kann.

Was nun die Entstehung des gegenwärtigen physischen Körpers und des gegenwärtigen nicht-physischen Bewußtseins anbelangt, so sind Samen und Blut [d. h. Eizelle] von Vater und Mutter die substantielle Ursache des physischen Körpers, ohne daß ihr Bewußtsein jemals die substantielle Ursache des Bewußtseins ihres Kindes sein könnte. Dies läßt sich relativ einfach beweisen, zum Beispiel dadurch, daß auch intelligente Eltern, die in vielen Wissensgebieten bewandert sind, dumme und uneinsichtige Kinder haben können.

Das Bewußtsein des Kindes hat mit seinen Eltern nichts

gemein. Es ist weder aus einem Element ihres Körpers noch aus einem Element ihres Bewußtseins gewachsen. Etwas ganz anderes ist passiert: das Bewußtsein eines früheren Lebens dient dem Bewußtsein des jetzigen Lebens als substantielle Ursache, wie Samen und Blut der Eltern die substantielle Ursache des Körpers sind. Die Beziehung zwischen Eltern und Kind wiederum geht auf eine Tat *(las, karma)* eines vergangenen Lebens zurück.

Neugeborene Kinder, Kälber und so weiter saugen gleich nach ihrer Geburt Muttermilch und nehmen Nahrung auf, ohne daß sie lernen müßten, wie. Der Grund: Sie sind schon aus früheren Leben daran gewöhnt, Nahrung zu sich zu nehmen, Wünsche zu haben, Abneigungen zu verspüren und so weiter. Sie verhalten sich so, weil die Anlagen *(bag chags, vāsanā)* dazu bereits in ihrem Bewußtsein angelegt sind. Meister Matṛcheta sagt in seinem *Kranz der Geburtsgeschichten (skyes rabs kyi rgyud, jātakamālā)* XXIX, 12-13:

> Das Neugeborene, sein Bewußtsein
> Noch schwach, die Sinne noch stumpf,
> Sucht doch sofort die Brust, um
> Daran zu saugen und sich zu nähren,
> Ohne daß irgend jemand ihm dies lehren müßte.
> Es kann dies nur, weil frühere Leben es
> Bereits daran gewöhnten.[3]

Man sollte frühere oder zukünftige Leben auch nicht auf der Grundlage der Behauptung ausschließen, daß sie nicht direkt wahrnehmbar seien. Es geht nicht, eine Sache als nichtexistent zu erklären, nur weil man sie selbst noch nicht gesehen hat. In unserer heutigen Zeit müßten wir die Fragwürdigkeit dieser Position eigentlich besonders leicht begreifen, weil die moderne Technik unserer Wahrnehmung viele innere und äußere Dinge zugänglich gemacht hat, die unsere Vorfahren weder sehen noch hören konnten.

Wer durch die Wirkkraft religiös orientierter Meditationspraxis sich einen hohen Grad Meditativer Gleichgewichtfindung erschlossen hat, wird damit auch die Fähigkeit besitzen, frühere und zukünftige Leben zu sehen. Außerdem gibt es Menschen, die sich an ihre Lebensumstände in früheren Existenzen erinnern, weil sie die Anlagen dazu aus der Vergangenheit mitgebracht haben. So ist uns die Geschichte eines buddhistischen Meisters aus dem alten Indien überliefert. Dieser wünschte zu erreichen, daß sein nihilistischer Kontrahent nach einer formalen Debatte zu der Einsicht erwachen würde, daß es tatsächlich frühere und zukünftige Leben gibt. Deswegen schied er in Gegenwart des Königs und anderer Zeugen aus dem Leben und wurde als Meister Chandragomin wiedergeboren.[4] In Tibet haben sich viele Menschen an ihre früheren Leben erinnert. Sie konnten ehemalige Freunde, Gefährten, Besitzstücke und so weiter wiedererkennen und von den Ereignissen dieses vergangenen Lebens berichten.

Da wir also unzweifelhaft zukünftige Leben haben werden, müssen wir ebenso unzweifelhaft etwas dafür tun. Der beste Schritt in diese Richtung wäre: Wir schulen unseren Geist durch geeignete Methoden und bemühen uns auf dieser Grundlage darum, alle Verfehlungen und Makel abzustreifen. Statt dessen tun wir nach Kräften nur Dinge, die ausschließlich gute Eigenschaften erzeugen. Zu diesem Zweck erschließen wir uns entweder einen Weg, der uns über mehrere Leben zum Heil führt, oder aber wir dringen zu einem Pfad vor, der das Kontinuum des Kreislaufs der Existenzen in diesem jetzigen Leben vermittels so profunder wie scharfsinniger Techniken ein für allemal durchtrennt, so daß wir nicht mehr sterben und auch nicht mehr im Kreislauf der Existenzen *('khor ba, saṃsāra)* wiedergeboren werden müssen.

2. Die Zwei Wahrheiten

Um solche Befreiung zu erreichen, müssen wir erstens mit den Vorstellungen und Begriffen vertraut sein, die die Grundlage festlegen: die Zwei Wahrheiten [Konventionelle Wahrheit und Absolute Wahrheit]. Zweitens müssen wir wissen, wie wir auf dem Pfad von Weisheit und Methode zu üben haben und wie wir drittens in Abhängigkeit davon zum Ziel gelangen: zu den Zwei Buddha-Körpern [Form-Körper *(gzugs sku, rupakaya)* und Wahrheits-Körper *(chos sku, dharmakaya)*]. Zuerst zur Darstellung der Grundlage, der Zwei Wahrheiten, die wir als solche bestimmen müssen.

Im *Sutra vom Zusammenkommen von Vater und Sohn (yab sras mjal ba'i mdo, pitāputrasamāgamasutra)*[5] heißt es:

> Der die Welt erkennt, ohne [zu diesem Zweck]
> auf andere [Meinungen] zu hören,
> Lehrte nur vermittels dieser Zwei Wahrheiten:
> Die Konventionelle und die Absolute Wahrheit.
> Eine dritte Wahrheit gibt es nicht.

Ähnliches führt auch Nagarjuna aus. In seiner *Abhandlung vom Mittleren Weg (dbu ma rtsa ba'i thsig le'ur byas pa shes rab ces bya ba, prajñānāmamūlamadhyamakakārikā* XXIV 8a sagt er:[6]

> Alle Lehren aller Buddhas
> Basieren einzig und allein
> Auf den Zwei Wahrheiten.

Grundlage für die Unterteilung in Zwei Wahrheiten sind die Erkenntnisobjekte *(shes bya, jñeya)*, von denen es zwei Arten gibt: Konventionelle Wahrheiten *(kun rdzob bden pa, samvṛ-*

tisatya) und Absolute Wahrheiten *(don dam bden pa, paramārthasatya).*

Ist etwas als Absolute Wahrheit ausgewiesen, ist damit auch die Möglichkeit ausgeschlossen, daß es sich hierbei um eine Konventionelle Wahrheit handeln könnte. Ist etwas als Konventionelle Wahrheit ausgewiesen, entfällt damit automatisch die Möglichkeit, daß es sich um eine Absolute Wahrheit handeln könnte. Das heißt: die Zwei Wahrheiten schließen sich gegenseitig aus. Wenn es eine der Zwei Wahrheiten nicht geben würde, könnten nicht alle Erkenntnisobjekte erfaßt werden, und da es neben diesen beiden keine dritte Wahrheit gibt, die weder konventionell noch absolut ist, schließt ihre Auflistung eine dritte Kategorie aus.

Wären die Zwei Wahrheiten vollkommen verschieden, in dem Sinne, daß sie nicht einmal dieselbe Wesenheit darstellten, müßten sich daraus zwangsläufig vier Irrtümer ergeben:

1 Es würde der Irrtum entstehen, daß die Abwesenheit wahrer Existenz einer Form nicht der Existenzmodus einer Form ist.
2 Es würde der Irrtum entstehen, daß man trotz Wahrnehmung der Abwesenheit wahrer Existenz einer Form nicht das Wahrnehmen der Merkmale dieser Form überwinden könnte.
3 Es würde der Irrtum entstehen, daß Yogis etwas ganz und gar Sinnloses tun, wenn sie die Höheren Pfade entwikkeln.
4 Es würde der Irrtum entstehen, daß selbst ein Buddha nicht die Fesseln der Wahrnehmung von Zeichen [wahrer Existenz] abstreifen würde, wie er sich auch nicht aller Beflekkungen entledigen könnte, die mit schlechten [Bewußtseins- und Daseins-] Zuständen einhergehen.

Wären die Zwei Wahrheiten hingegen ein und dasselbe und ließen sich nicht einmal als begrifflich isolierbare Faktoren *ldog pa, vyatireka)* voneinander unterscheiden, würde dies ebenfalls vier Irrtümer hervorrufen:

1 Es würde der Irrtum entstehen, daß mit der Aufgabe von Taten und Plagen, die als Konventionen ja nur ein irrtümlich

angenommenes Wesen haben, auch gleichzeitig die absolute Wirklichkeit aufgegeben würde.

2 Es würde der Irrtum entstehen, daß das Absolute genau wie das Konventionelle viele verschiedene Aspekte aufweist.

3 Es würde der Irrtum entstehen, daß selbst gewöhnliche Wesen in der Lage wären, das Absolute unmittelbar und unvorbereitet zu vergegenwärtigen.

4 Es würde der Irrtum entstehen, daß selbst die Betrachtung des Absoluten noch die Plagen der Gier und so weiter hervorrufen würde.[7]

Deswegen sind die Zwei Wahrheiten zwar dieselbe Wesenheit, gleichzeitig jedoch begrifflich isolierbare Faktoren.

Absolute Wahrheiten

Wenn eine untersuchende Bewußtheit das Absolute analysiert und dabei klar und deutlich ein Objekt entdeckt, ist dieses Objekt eine Absolute Wahrheit. Eine konventionelle Bewußtheit hingegen hat [Objekte] weltlicher Begriffsherkunft oder Konvention zum Gegenstand. Entdeckt sie klar und deutlich ein Objekt, muß es sich dabei um eine Konventionelle Wahrheit handeln.

Der Sanskritbegriff für Absolute Wahrheit lautet *Paramārthasatya. Parama* bezeichnet das »Absolute«, »Höchste«, »Überlegene« und so weiter. *Artha* bedeutet in diesem Fall »Objekt«, *Satya* »Wahrheit«, »etwas von langer Dauer« und so weiter. In diesem Zusammenhang bezeichnet *Artha* nicht »Wohlergehen« oder »Ziel« wie an anderen Stellen, wo es um das eigene und das Wohlergehen der anderen geht. Es heißt Objekt, weil es das Objekt ist, das von der Höchsten Erhabenen Weisheit erkannt, analysiert und entdeckt wird. Als derartiges Objekt, und da es das *höchste* und letzte aller Objekte ist, ist es das *absolute* Objekt. Es ist eine Wahrheit, weil seine Erscheinung und Seinsweise sich nicht gegenseitig widersprechen, wie dies bei falschen Konventionalitäten der Fall ist.

Vielmehr passen seine Erscheinung und seine Seinsweise zusammen; sie entsprechen einander. Deswegen nennt man es eine Wahrheit, die das absolute Objekt ist, eben eine Absolute Wahrheit.

Teilt man Absolute Wahrheiten auf, so gibt es derer zwei: Selbst-Losigkeit von Personen *(gang zag gi bdag med, pudgala-nairātmya)* und Selbst-Losigkeit von Erscheinungen *(chos kyi bdag med, dharmanairātmya)*. In seinem *Anhang zum Mittleren Weg (dbu ma la 'jug pa, madhyamakāvatāra)* VI, 179-180 sagt der Meister Chandrakirti:[8]

> Um die [im Kreislauf der Existenzen umherirrenden]
> Wanderer aus der [mit Plagen behafteten und
> nicht mit Plagen behafteten Unwissenheit][9]
> zu befreien,
> Ist Selbst-Losigkeit von zwei Arten beschrieben:
> Von Personen und von Erscheinungen.
>
> Folglich sprach der Lehrer sehr häufig zu seinen
> Schülern von diesen [zwei Arten der Selbst-Losigkeit][10],
> sehr ausführlich und auf ganz verschiedene Weisen.
>
> Nachdem er ausführlich sechzehn Leerheiten
> Erläutert hatte, erklärte er vier davon
> Nochmals in gedrängter Form.
> Diese vier sind auch im Großen Fahrzeug
> beschrieben.[11]

Wenn weiter unterteilt, gibt es vier Leerheiten: die Leerheit tätiger Dinge; die Leerheit nicht-tätiger Dinge, die Leerheit von einem Wesen [d. h. von Leerheiten, die das Wesen der Phänomene sind] und die Leerheit einer Weisheit [als Objekt der Überweltlichen Erhabenen Weisheit], die eine andere ist [als die Welt].[12] Darüber hinaus gibt es sechzehn Leerheiten, wie etwa die Leerheit von Inwendigem; oder achtzehn Leerheiten; oder zwanzig Leerheiten; und so weiter.

Konventionelle Wahrheiten

Konventionelle Wahrheiten verweisen auf die verschiedensten Erscheinungen, die keine Leerheiten sind. Will man sie umfassend und ausführlich auflisten, so zählen dazu: die Fünf Anhäufungen oder Aggregate *(phung po, skandha)*; die zwölf Sinnesbereiche *(skye mched, āyatana)*; die achtzehn Elemente *(khams, dhātu)* und so weiter. Vasubandhu sagt in seinem *Schatzhaus des Wissens (chos mngon pa'i mdzod, abhidharmakośa)* I 20a dazu:

> Anhäufung, Tor der Erzeugung und Klasse
> Sind die Bedeutung von
> Aggregat, Sinnesbereich und Element.

Die fünf Aggregate

Form *(gzugs, rūpa)* ist das erste der Fünf Aggregate. Es setzt sich aus elf Faktoren zusammen: den fünf Sinnesfähigkeiten *(dbang po, indriya)* wie dem Gesichtssinn und so weiter; den fünf äußeren Formen (Formen, Klängen, Gerüchen, Geschmacksempfindungen und Körperempfindungen) sowie nicht-offenbarten Formen *(rnam par rig byed ma yin pa'i gzugs, avijñaptirūpa)*.

Das zweite Aggregat ist Gefühl *(tshor ba, vedanā)*. Darunter sind alle positiven (Freude), negativen (Schmerz) und neutralen Gefühle zu verstehen.

Unterscheidung *('du shes, saṃjñā)*, das dritte Aggregat, ist von zweifacher Art: begriffliche und nicht-begriffliche Unterscheidung, die jeweils klein, weit und grenzenlos sein kann.[14]

Das vierte Aggregat, produkthafte Faktoren, *('du byed, saṃskāra)* weist mit Ausnahme des Gefühls und der Unterscheidung alle Geistfaktoren *(sems byung, caitta)* als beigeordnetes produkthaftes Faktoren-Aggregat auf. Das nicht-beigeordnete produkthafte Faktoren-Aggregat besteht aus den vierzehn nicht-beigeordneten Faktoren.[15]

Bewußtsein *(rnam shes, vijñāna)* ist das fünfte Aggregat.

Wir verstehen darunter die sechs Arten von Bewußtsein, angefangen beim Seh-Bewußtsein bis zum Geist-Bewußtsein.

Die zwölf Sinnesbereiche

Die zwölf Sinnesbereiche *(skye mched, āyatana)* bestehen aus den sechs inneren Sinnesbereichen (das sind die fünf Sinnesorgane: Auge, Ohr, Nase, Zunge, Körper und der denkende Geist) und den sechs äußeren Sinnesbereichen (nämlich Form-Bereich, Klang-Bereich, Geruchs-Bereich, Geschmacks-Bereich, Körperempfindungs-Bereich und Phänomen-Bereich).

Seh-Fähigkeit *(mig gi dbang po, cakṣurindriya)* und Seh-Bereich *(mig gi skye mched, cakṣurāyatana)* sind Synonyme. Form-Bereich *(gzugs kyi skye mched, rupāyatana)* und Form *(gzugs, rūpa)* hingegen sind keine Synonyme. Unter Form-Bereich verstehen wir in diesem Fall ein Objekt, das ausschließlich vom Seh-Bewußtsein wahrgenommen werden kann und demnach eine Farbe oder Form [sein muß]. [Form dagegen ist ein umfassenderer Begriff; auch Klänge, Gerüche, Geschmacksempfindungen und Körperempfindungen sind Formen].

Weiterhin sind synonym: Klang, Klang-Bereich und Hörobjekt des Ohr-Bewußtseins. Das gleiche gilt für Gerüche, Geschmacksempfindungen und Körperempfidnungen. [Geruch, Geruchs-Bereich und Geruchsobjekt eines Nasen-Bewußtseins sind synonym und so weiter.]

Die ersten fünf dieser äußeren und inneren Sinnesbereiche sind physisch.

Geist *(sems, citta)*, Intelligenz *(yid, manas)* und Bewußtsein *(rnam shes, vijñāna)* werden synonym verwandt. Deswegen ist jeder Haupt-Geist wie etwa das Haupt-Sehbewußtsein ein Geist-Bereich.

Nicht-zusammengesetzte Phänomene wie Raum und Leerheit gehören zum Phänomen-Bereich.

Die achtzehn Elemente

Die achtzehn Elemente *(khams, dhātu)* sind:

1 Sechs Elemente der Sinnesfähigkeit – die Träger: Auge, Ohr, Nase, Zunge, Körper und Geist.
2 Sechs Elemente des Bewußtseins – die davon getragenen Funktionen: Augen-, Ohren-, Nasen-, Zungen-, Körper- und Geist-Bewußtsein.
3 Sechs Objekt-Elemente – die davon beobachteten Objekte: Formen, Klänge, Gerüche, Geschmacksobjekte, Tastobjekte und andere Phänomene.

Kurz gesagt: Die fünf Aggregate umfassen alle zusammengesetzten Erscheinungen, die zwölf Sinnesbereiche und achtzehn Elemente alle Erkenntnisobjekte. Deswegen sind alle Erscheinungen der Zwei Wahrheiten durch die zwölf Sinnesbereiche und achtzehn Elemente erfaßt. Teilt man die Elemente noch feiner auf, erhält man statt achtzehn zweiundsechzig und so weiter.

Warum die Erscheinungen überhaupt genau bestimmen und auflisten?

Wir sollten jene sechs Themenkreise verstehen lernen, deren Kenntnis sich wirklich lohnt. Das heißt wir sollten soviel wie möglich über [die Aggregate; Sinnesbereiche; Elemente; die zwölf Glieder der Kette des Bedingten Entstehens; die Ursachen und Nicht-Ursachen von Glück und Leid; und die Vier Wahrheiten] in Erfahrung bringen. Es lohnt sich deshalb, diese Themenkreise zu kennen, weil man ihre Wesenheit, Funktion, Unterteilung kennen und überdies wissen muß, ob man sie aufgeben sollte oder nicht, wenn man erkennen will, was zu tun und was zu unterlassen ist, um auf diesem Weg das Glück der Befreiung, die endgültige Trennung von allem Leiden zu erleben.

Da unser Geist und unsere Geistfaktoren dem Einfluß der

quälenden Gefühle *(nyon mongs, klésa)* unterliegen, erfahren wir unaufhörlich im Kreislauf der Existenzen das Rad des Leidens. Umgekehrt brauchen wir nur diese quälenden Gefühle aufzugeben, um Befreiung zu erlangen. Aus diesem Grund müssen wir unbedingt die quälenden Gefühle wie etwa Gier zähmen. Der über die Welt Erhabene, Siegreiche Buddha hat vierundachtzigtausend Bündel von Lehren erklärt, die diesen Zweck erreichen sollen.

3. Der Aufbau der Darlegungen Buddhas in den Drei Sammlungen von Schriften

Die Drei Sammlungen von Schriften

Die vierundachtzigtausend Sammlungen von Lehren sind in den zwölf Arten von Schriften[16] dargestellt, und diese wiederum sind jeweils einer der Drei Sammlungen von Schriften *(sde snod, piṭaka)* zugeordnet. Die Drei Sammlungen heißen: Lehrreden *(mdo sde, sutrānta)*, Ordensregeln *('dul ba, vinaya)* und Manifestes Wissen *(chos mngon pa, abhidharma)*. Im *Schmuck der Sutras des Großen Fahrzeugs (theg pa chen po'i mdo sde rgyan, mahāyānasūtrālaṃkāra)* XI 1 des Arya Maitreya heißt es:[17]

> Man teilt die Schriften in zwei oder
> in Drei Sammlungen auf.
> Neun Gründe sprechen für die Aufteilung in
> [Drei Sammlungen].

Demnach gibt es neun Gründe, die Schriften in Drei Sammlungen zu gruppieren: drei Gründe, die sich auf die Objekte beziehen, die es aufzugeben gilt; drei Gründe, die sich auf die Drei Schulungen beziehen; und drei Gründe hinsichtlich jener Objekte, die es zu erkennen gilt.

Die Drei Sammlungen von Schriften und die drei Objekte, die es aufzugeben gilt

Drei Objekte gilt es aufzugeben. Welche drei? Die Leiden, die herrühren, (1) vom Zweifel, (2) von allem extremen oder übertriebenen Verhalten und (3) von der Ansicht, daß die eigene Sichtweise die beste ist. Das Gegenmittel gegen alle vom Zweifel herrührenden Leiden ist die Sammlung der Lehrreden. Das Gegenmittel gegen alle Leiden, die mit übertriebenem Verhalten einhergehen, ist die Sammlung der Ordensregeln. Und das Gegenmittel gegen das von der Ansicht, die eigene [falsche oder doch zumindest wenig entwickelte] Sichtweise sei die beste, gestiftete Leiden schließlich ist die Sammlung des Manifesten Wissens.

Die Sammlung der Lehrreden beschreibt in aller Deutlichkeit die Aggregate, Sinnesbereiche, Elemente, die Abhängigen Entstehungen, die Vier Wahrheiten, die [Bodhisattva-] Erden *(sa, bhūmi)*, die Vollkommenheiten, und zwar hauptsächlich unter dem Gesichtspunkt Meditativer Gleichgewichtfindung. Ferner ist die Sammlung der Lehrreden als Gegenmittel gegen das sekundäre Leiden des Zweifels erklärt worden, weil sie Zweifel, Bedenken und Befürchtungen in zwei Richtungen beseitigt, nämlich hinsichtlich der besonderen und der allgemeinen Merkmale der Kategorien von Erkenntnisobjekten.

Die Sammlung der Ordensregeln untersagt, sich auf ungehörige Schwächen einzulassen, zum Beispiel an dem inneren Wunsch nach unreinem Verhalten zu haften oder an den äußeren Wünschen nach Leckereien, schöner Wohnung und Einrichtung und so weiter. Sie hilft damit, extremes Verhalten zu vermeiden, das sich im allgemeinen darin zeigt, daß man schnell vor den eigenen Wünschen kapituliert. [Dies ist aber nicht einseitig zu verstehen.] Die Sammlung der Ordensregeln erlaubt allen, die über die sittliche Reife der Entsagung verfügen, die ihren Reichtum nicht zusammentragen müssen, indem sie sich abrackern, und die zudem nicht übermäßig an den Genüssen haften, die ihnen gegönnt sind, nämlich auch die köstlichsten Speisen, elegante Kleidung, eine schöne Wohnung und so weiter. Auf diese Weise wird das Extrem ermüdender und lebensfeindlicher Askese [vermieden]. Die Sammlung der Ordensregeln ist deswegen als Gegenmittel gegen die sekundären Leiden der zwei Arten extremen Verhaltens zu verstehen, denn sie lehrt Gegenmittel sowohl gegen nachgiebige Unterwürfigkeit unter die eigenen Wünsche und Begierden als auch gegen niederdrückende Askese.

Kurz zusammengefaßt können wir sagen: Der Buddha hat

gute Nahrung, Kleidung, Wohnung, Einrichtung und so weiter erlaubt, wenn diese nicht Plagen wie Anhaften, Stolz, Eigendünkel und dergleichen hervorrufen, denn dann bleibt der Genuß dieser Dinge im Rahmen schicklichen und anständigen Verhaltens. Wer hingegen an seiner weniger guten Nahrung haftet, oder an seinen schäbigen, gebrauchten Kleidern hängt, verhält sich damit unziemlich. Deswegen hat der Buddha es nicht zugelassen. Das entscheidende Kriterium, ob eine Sache erlaubt oder verboten ist, ist allein die Frage, inwiefern dadurch die inneren Plagen wie etwa Wünsche zunehmen oder abnehmen. Äußerliche Faktoren sind nicht so wichtig.

Die Sammlung des Manifesten Wissens beschreibt klar und untrüglich die besonderen Eigenschaften aller Phänomene und ihre generellen Merkmale wie Unbeständigkeit, Leiden und Selbst-Losigkeit. Vertieft man sich durch Hören und Nachdenken darein, verlöschen erstens wie von selbst die Plagen falscher Anschauungen, die das [Unreine, Leidverursachende, Unbeständige und Selbst-lose] als rein, angenehm, dauerhaft und real [im Sinne einer angenommenen Selbstwesenhaftigkeit] ansehen. Zweitens verschwinden dadurch alle Lebensregeln und sittlichen Maximen, die auf diesen [falschen Vorstellungen] aufbauen. Drittens wird man Fehlverhalten nicht mehr damit bemänteln, daß man es zu einer Tugend erklärt. Die Sammlung des Manifesten Wissens lehrt also die Gegenmittel gegen die Tendenz, die eigene [falsche] Sichtweise als die höchste zu betrachten.

Die Drei Sammlungen von Schriften und die Drei Schulungen

Nun zur zweiten Dreiergruppe von Gründen, die Schriften in Drei Sammlungen aufzuteilen.

Die Sammlung der Lehrreden ist so abgefaßt, daß sie alle Drei Schulungen zum Thema hat. Die Sammlung der Ordensregeln verfolgt den Zweck, die Schulung von Sittlichkeit und Meditativer Gleichgewichtfindung zu gewährleisten. Die Sammlung des Manifesten Wissens schließlich will die Schulung der Weisheit vervollkommnen helfen. Damit ist kurz begründet, warum man die Lehren in Drei Sammlungen von Schriften aufteilt.

Aber wir wollen dieses Thema noch etwas eingehender behandeln und untersuchen, wie die Sammlung der Lehrreden die Drei Schulungen mit Inhalt ausfüllt.

Vom Standpunkt des Kleinen Fahrzeugs lehrt die Sammlung der Lehrreden mit Hilfe der Gelübde, die die eigene Befreiung fördern, eine Sittlichkeit der Zurückhaltung. Sie lehrt, welche Taten und Pflichten vollkommen rein sind, und betrachtet noch die kleinste Verfehlung mit großer Besorgnis. Sie lehrt ferner die Meditativen Gleichgewichtfindungen der Konzentrationen und formlosen Versenkungen nach Art des Kleinen Fahrzeugs. Und sie geht auch vom Standpunkt des Kleinen Fahrzeugs auf die Schulung der Weisheit ein. Das heißt, sie beschäftigt sich mit dem Besonderen Klarblick, der in diesem Fall darin besteht, die Vier Wahrheiten als das zu erkennen, was sie tatsächlich sind.

Gleichzeitig lehrt die Sammlung der Lehrreden eine Schulung der Sittlichkeit aus dem Blickwinkel des Großen Fahrzeugs, indem sie die Enthaltung von schlechten Taten propagiert und so weiter. Sie lehrt Meditative Gleichgewichtfindungen, die die Sichtweise des Großen Fahrzeugs berücksichtigen, etwa das »himmlische Schatzhaus«, die »Reise des Helden« und so weiter. Was die Schulung der Weisheit angeht, so legen die Lehrreden vom Standpunkt des Großen Fahrzeugs die nicht-begriffliche Erhabene Weisheit dar, mit der die höchste Seinsweise verwirklicht ist.

Damit ist erwiesen, daß die Sammlung der Lehrreden alle Drei Schulungen darlegt, und zwar gleichermaßen vom Standpunkt des Kleinen wie vom Standpunkt des Großen Fahrzeugs.

Was nun den Ansatz angeht, über den die Sammlung der Ordensregeln die Schulung der Sittlichkeit und Meditativen Gleichgewichtfindung gewährleistet, so ist zu sagen, daß sie mit untrüglicher Sicherheit feststellt, welche Dinge anzunehmen und welche Dinge aufzugeben sind, welchen Dingen man sich widmen und welchen anderen man sich widersetzen muß. Damit verfeinert sie das Sittlichkeitsempfinden. Ist die Sittlichkeit auf diese Weise geläutert, schwinden Gewissensbisse und Reue [über begangene Missetaten]. Da es dazu nun nicht mehr kommt, können sich Leichtigkeit und Geschmeidigkeit einstellen. Diese wiederum lassen Freude und Glückseligkeit wachsen, die dem Geist die Kraft schenken, einsgerichtet zu verweilen.

Auf diese Weise begründet die Sammlung der Ordensregeln Sittlichkeit und Meditative Gleichgewichtfindung.

Zum Abschluß einige Worte über die Sammlung des Manifesten Wissens und die Schulung der Weisheit, die sie leistet. Da diese Sammlung von Schriften die Merkmale der Erscheinungen erschöpfend beschreibt und unterscheidet, entsteht jene Weisheit, die die Merkmale der Erscheinungen untrüglich erkennt. Man braucht ihr nur gut zuzuhören, denn dies ist bereits die Schulung in höherer Weisheit. Hört man auf die Schriften des Manifesten Wissens, erschließt man sich diese Weisheit in ihrer manifesten Form.

Die Drei Sammlungen von Schriften und die Drei Objekte, die es zu erkennen gilt

Die drei letzten Gründe für die Unterteilung der Schriften in Drei Sammlungen sind: Die *Sammlung der Lehrreden* will die Lehren und ihre Bedeutung darlegen. Die *Sammlung der Ordensregeln* will die Lehren und ihre Bedeutung im tatsächlichen Leben verankern. Und die *Sammlung des Manifesten Wissens* will uns die Werkzeuge zu logischem Denken in die Hand geben, in dem sie die Lehren und ihre Bedeutung miteinander verknüpft.

Die Sammlung der Lehrreden verkündet Lehren und Bedeutungen, indem sie die Lehren (die Buchstaben, Wortstämme und Worte) und Bedeutungen (die Aggregate, Sinnesbereiche, Elemente und so weiter), die sie vorstellt, lang und breit erklärt. Oder sie erläutert Lehren wie die Aggregate, Sinnesbereiche, Elemente und ihre Bedeutung: die vier Gedanken [die dahinter stehen] *(dgongs pa, abhiprāya)* und die vier Absichten *(ldem dgongs, abhisandhi)*.[18] Oder sie legen Lehren wie etwa vom Pfad der Zehn Tugenden dar, der zu einer hohen Stellung im Kreislauf der Existenz führt, oder machen die Bedeutung der Siebenunddreißig Einklänge mit der Erleuchtung *(byang chub kyi phyogs, bodhipakṣa)*[19] verständlich. In diesem Sinn schildern sie die Pfade, die das höchste Gut [Allwissenheit und die Befreiung aus dem Kreislauf der Existenzen] verwirklichen helfen. Unter diesen Gesichtspunkten schult die Sammlung der Lehrreden also in Worten und Bedeutungen.

Die Sammlung der Ordensregeln begründet und festigt die Lehren und ihre Bedeutung in der Weise, daß durch die Anwendung reiner Sittlichkeit und durch die Meditationen über das Unreine etc., die sie lehrt, die Leiden überwunden werden. Dadurch werden die zuvor dargestellten Lehren und Bedeutungen verstanden und verwirklicht, indem sie sich im Bewußtseins-Kontinuum manifestieren. Dies zeigt, daß die Sammlung der Ordensregeln Lehren und Bedeutungen begründet und festigt.

Die Sammlung des Manifesten Wissens schließlich vermittelt die zu logischem Denken notwendige Geschicklichkeit, so daß man die Lehren und ihre Bedeutung in der Zusammenschau gemeinsam erfassen kann.

Aus diesen neun Gründen sind alle Äußerungen des Siegers [Buddhas], die die Hauptpunkte von Methode und Weisheit auf den Übungswegen der Drei Fahrzeuge [Hörer, Einsame Verwirklicher und Bodhisattvas] lehren, in den Drei Sammlungen von Schriften zusammengefaßt.

Die Drei Schulungen

Alle Themen, die in den Drei Sammlungen eingeschlossen sind, sind dadurch, daß sie darin eingeschlossen sind, automatisch unmittelbar oder in dienender Funktion auch ein Bestandteil des Übungsweges der Drei Schulungen: Besondere Sittlichkeit, Besondere Meditation und Besondere Weisheit [eines Buddhas].

Die vom Buddha gelehrte Sittlichkeit ist deswegen besonders, weil sie auf direktem oder indirektem Weg jedem nutzt. Sie nutzt einem selbst und den anderen gleichermaßen. Im Vergleich dazu lehren die nicht-buddhistischen Furtler *(mu stegs pa, tīrthika)* eine fragwürdige Art von Sittlichkeit, weil sie sich selbst und anderen schaden, und zwar durch Kasteiungen und Regeln wie zum Beispiel den fünf Feuern, [mit denen man sich selbst zu Tode röstet].

Ähnliches gilt auch für die Meditation. Die vom Buddha gelehrten Meditativen Gleichgewichtsfindungen sind deswegen besonders, weil sie nicht nur für dieses, sondern auch für andere Leben Glück und darüber hinaus das Heil der Befreiung bringen, indem sie einfach als Gegenmittel gegen alle Leiden und falschen Vorstellungen wirken.

Die Meditativen Gleichgewichtfindungen der Nicht-Buddhisten sind dagegen minderwertig, weil sie nicht dasselbe leisten können. Sie bringen ausschließlich dem jetzigen Leben Glück, indem sie den Geist von äußeren Ablenkungen wegführen. Darüber hinaus können sie bestenfalls eine Wiedergeburt im formhaften oder im formlosen Bereich bewirken. Als Gegenmittel gegen die Leiden und falschen Vorstellungen müssen sie notwendigerweise versagen.

Schließlich lehrt der Buddha eine Weisheit, die schon allein deswegen besonders ist, weil sie mittelbar oder unmittelbar alle Hindernisse aus dem Weg räumen kann [wobei wir unter »Hindernis« die Vorstellung von einem Selbst oder Wesenskern in Personen und Erscheinungen verstehen]. Die Weisheit der Nicht-Buddhisten ist im Vergleich dazu unterlegen, weil sie, indem sie nicht die Seinsweise [der Erscheinungen] durchschaut, den Kreislauf der Existenzen auch nicht an der Wurzel beseitigen kann. Aus diesem Grund sind die Sittlichkeit, Meditation und Weisheit Buddhas [der Sittlichkeit, Meditation und Weisheit anderer Lehren] überlegen. Weil sie überlegen sind, nennen wir sie die Drei *Besonderen* Schulungen *(lhag pa'i bslab pa, adhiśikṣā).*

4. Die Schulung der Besonderen Sittlichkeit

Die erste Besondere Schulung ist die Schulung der Besonderen Sittlichkeit. Sie ist die Grundlage aller guten Eigenschaften und die Quintessenz der Übungen, die der Buddha lehrte. In seinem *Freundschaftlichen Brief (bshes pa'i springs yig, suhṛl-lekha)* schreibt Nāgārjuna:[20]

> [Der Buddha] lehrte, daß Sittlichkeit die
> Grundlage aller guten Eigenschaften ist,
> Wie die Erde [die Grundlage] ist für alles,
> was sich bewegt oder unbeweglich [verharrt].

Es gibt viele Listen von Sittlichkeitsregeln, die allesamt auf einem Grundprinzip aufbauen: dem Verzicht auf die Zehn Untugenden. Wir können sie zu drei Arten von Sittlichkeitsregeln zusammenfassen. Diese sind: die Sittlichkeit der individuellen Befreiung *(so thar gyi tshul khrims, pratimokṣaśīla)*, die Sittlichkeit der Bodhisattvas und die Sittlichkeit des Geheimen Mantras.

Die Sittlichkeit, die auf die Zehn Untugenden verzichtet

Meister Vasubandhu sagt in seinem *Schatzhaus des Wissens* IV 66:[21]

> Ausgehend von den [vielen heilsamen und
> unheilsamen Tätigkeiten][22] hat man die
> Zehn wichtigsten [ausgewählt] und als
> Die Zehn Pfade des Handelns erklärt.
> Diese können tugendhaft sein oder auch
> untugendhaft.

Die Sittlichkeit, mit der wir uns hier befassen wollen, verzichtet auf die folgenden Zehn Untugenden:

1 die drei Untugenden des Körpers: Töten, Stehlen und sexuelles Fehlverhalten
2 die vier Untugenden der Rede: Lüge, entzweiende Rede, grobe Rede und dummes Geschwätz.
3 die drei Untugenden des Geistes: Habsucht, böse Absicht und falsche Sichtweise.

Ausgeführt und vermehrt werden die Zehn Pfade des Handelns durch die Drei Pforten [von Körper, Rede und Geist].

Töten. Zum Töten gehören fünf Faktoren. Erstens die *Voraussetzung:* das heißt ein anderes fühlendes Wesen. Zweitens der *Gedanke:* das heißt, dieses Wesen so eindeutig zu bestimmen, daß jeder Irrtum ausgeschlossen ist. Drittens die *Ausführung* [der Tat]: das heißt, das Wesen entweder eigenhändig zu töten oder einen anderen dazu zu verleiten, es zu vergiften, es mit einer Waffe, einem [schwarzmagischen] Mantra und so weiter zu beseitigen. Viertens das *Übel:* im allgemeinen Gier, Haß und Verblendung, im Fall des Tötens jedoch vornehmlich Haß. Und fünftens der *Abschluß:* er erfolgt, wenn das zu tötende Wesen stirbt, bevor es von selbst gestorben wäre.

Die Tötungshandlung kommt zustande, wenn alle fünf Faktoren erfüllt sind. Ist einer dieser Faktoren nicht gegeben, muß die Tat unvollkommen bleiben; das heißt, es ist keine abgeschlossene Handlung. Dasselbe Prinzip gilt auch für die restlichen neun Untugenden.

Es gibt verschiedene Unterarten des Tötens, zum Beispiel Töten aus Gier nach Fleisch; Töten aus Feindseligkeit wie beim Vollzug einer Rache; oder Töten aus Verblendung wie bei einem Tieropfer. Besonders schlimm ist es, einen Feindvernichter *(dgra bcom, arhan)* zu töten, den eigenen Lehrer, Vater oder Mutter, einen Mensch auf dem Pfad der Tugend, oder einen Menschen, der der Welt entsagt hat.

Stehlen. Die *Voraussetzung* zum Stehlen ist ein Gegenstand, der einem anderen Menschen gehört oder den Drei Juwelen geweiht ist und so weiter. Der *Gedanke* ist der Wunsch, sich diesen Gegenstand durch Täuschung, eine Gewalthandlung oder Einbruch anzueignen. Die *Ausführung* besteht darin, daß man entweder selbst zur Tat schreitet oder einen anderen dazu veranlaßt. Das *Übel* sind allgemein die Drei Gifte, besonders jedoch ist es davon die Gier. Der *Abschluß* besteht darin, den begehrten Gegenstand von seinem jetzigen Platz zu entfernen oder sich ihn in Gedanken anzueignen, auch wenn man ihn gar nicht wirklich weggenommen hat.

Es gibt drei Arten des Stehlens: (1) Raubüberfall: man fällt über einen Unschuldigen her und beraubt ihn; (2) Einbruch: man bricht in ein Haus ein und stiehlt etwas; (3) Betrug: zum Beispiel dadurch, daß man beim Wiegen gefälschte Gewichte benutzt. Besonders schlimm ist, etwas zu stehlen, das den Drei Juwelen gehört.

Sexuelles Fehlverhalten: Die Voraussetzung dazu ist ein unangemessener Partner (etwa der Mann oder die Frau einer/eines anderen; Verwandte, auch wenn sie weitläufig sind; eine Nonne oder ein Mönch, die an ihre Gelübde gebunden sind) oder ein unpassender Ort (etwa in der Nähe eines Bildes der Drei Juwelen) oder eine unpassende Öffnung (das heißt jede andere Öffnung als die Vagina) oder eine unpassende Zeit (etwa an einem Tag, für den man die vollständigen Gelübde auf sich genommen hat; während der Schwangerschaft oder Menstruation; oder überhaupt am hellen Tag). Der *Gedanke* ist der Wunsch nach geschlechtlicher Vereinigung. Die *Ausführung* besteht darin, daß man sich tatsächlich vereinigt. Das *Übel* sind allgemein die Drei Gifte, besonders jedoch ist es davon die Gier. Der *Abschluß* kommt dadurch zustande, daß man sich persönlichen Genuß verschafft, indem man an der Erfahrung des angenehmen Gefühls haftet, das von der gegenseitigen Berührung der beiden Geschlechtsorgane ausgelöst wird.

Es gibt drei Arten sexuellen Fehlverhaltens: der Verkehr mit einem Menschen, der unter dem Schutz der Familie steht wie Vater, Mutter, Vormund, Bruder oder Schwester; der Verkehr mit einem Menschen, der unter dem Schutz des Gatten oder der Gattin steht; der Verkehr mit einem Menschen, der unter dem Schutz der Religion steht wie etwa eine Nonne oder ein Mönch. Von den verschiedenen abartigen

Wünschen ist der Verkehr mit einem Elternteil oder mit einem Feindvernichter eine besonders schlimme Verfehlung.

Lügen. Die *Voraussetzung* ist eine andere Person als man selbst. Der *Gedanke* ist der Wunsch, zum Beispiel zu sagen: »Ich habe das und das gesehen«, wenn man es eigentlich gar nicht gesehen hat, und es in der Absicht zu sagen, einen anderen Menschen damit zu täuschen. Die *Ausführung* besteht darin, dies durch Geste oder Wort zu kommunizieren. Das *Übel* kann jedes der Drei Gifte sein. Der *Abschluß* ist erreicht, wenn der andere verstanden hat, was ihm zu verstehen gegeben werden sollte. Die *Ausführung* ist nicht auf verbale Kommunikation oder den Gebrauch von Worten beschränkt. Man kann auch mit Gesten einen falschen Eindruck erwecken.

Es gibt drei Arten des Lügens. Falsche Behauptungen, mit denen man sich zwangsläufig blamiert (wenn man zum Beispiel übermenschliche Fähigkeiten oder Qualitäten vorgibt, die man noch gar nicht erreicht hat). [Die anderen beiden Arten] sind erstens die groben Unwahrheiten, die einem selbst und anderen helfen bzw. schaden, und weiter kleine Schwindeleien, die niemandem nutzen und niemanden benachteiligen.

Von den unterschiedlichen Arten der Falschheit stellen abwertende Worte über einen Buddha oder die Täuschung von Lehrer, Vater, Mutter und so weiter ein besonders schlimmes Vergehen dar.

Entzweiende Rede. Die *Voraussetzung* sind andere Menschen im Zustand [innerer und äußerer] Harmonie. Der *Gedanke* ist der Wunsch, sie zu entzweien. Die *Ausführung* besteht darin, eben dies zu tun. Das *Übel* sind die Drei Gifte, besonders jedoch ist es davon der Haß. Der *Abschluß* ist erreicht, wenn die andere Partei verstanden hat, was man ihr zu verstehen geben wollte.

Zur entzweienden Rede gehört im übrigen auch jeder Versuch, die sich anbahnende Versöhnung von zwei miteinander verfeindeten Parteien zu hintertreiben, indem man erneut und verstärkt Zwietracht sät.

Es gibt drei Arten der entzweienden Rede. Offene Entzweiung: indem man Freunde direkt auseinanderbringt. Indirekte Entzweiung: indem man ihre Trennung durch Andeutungen verursacht. Und versteckte Entzweiung: indem man die Trennung durch Irreführung herbeiführt.

Von den verschiedenen Arten entzweiender Rede stellen die Entzweiung von Lehrer und Schüler oder die Erregung von Zwietracht in der spirituellen Gemeinschaft eine besonders schwerwiegende Verfehlung dar.

Grobe Rede. Die *Voraussetzung* schließt das Kontinuum eines [anderen] fühlenden Wesens ein.[23] Der *Gedanke* ist der Wunsch, etwas Unliebsames oder Unfreundliches zu sagen. Die *Ausführung* besteht darin, sich eben darum zu bemühen. Der Abschluß ist, es offen zum Ausdruck zu bringen. Das *Übel* sind die Drei Gifte, besonders jedoch ist es davon der Haß.

Es gibt drei Arten von grober Rede. Direkte Grobheit, bei der man dem anderen böse oder unflätige Worte ins Gesicht sagt. Versteckte Grobheit, bei der man die bösen Worte zum Beispiel in einem Scherz versteckt. Und indirekte Grobheit, bei der man sich an einen Freund des anderen wendet, um seine Schlechtigkeiten über ihn auszuschütten. Von den vielen Arten grober Rede stellen Grobheiten den Eltern oder einem Höheren *('phags pa, āryan)* gegenüber eine besonders schlimme Verfehlung dar.

Dummes Geschwätz. Die *Voraussetzung* schließt das [Bewußtseins-] Kontinuum eines anderen ein. Der *Gedanke* ist der Wunsch, aus einer Nicht-Gewissenhaftigkeit heraus unüberlegt daherzureden. Die *Ausführung* besteht darin, daß man Schmeicheleien äußert, zu losem, unsinnigem Gesang anregt und so weiter. Der *Abschluß* besteht in der verbalen Kommunikation derselben. Das *Übel* sind die Drei Gifte, besonders jedoch ist es davon die Verblendung.

Es gibt drei Arten von dummem Geschwätz. Verkehrtes dummes Geschwätz wie etwa die Mantra-Rezitationen der nicht-buddhistischen Furtler. Weltliches dummes Geschwätz wie etwa das Reißen dummer Witze. Und dummes Geschwätz aus Unüberlegtheit, wenn man zum Beispiel Menschen die

Lehre erklärt, die dafür nicht das geeignete Gefäß sind. Von den verschiedenen Arten von dummem Geschwätz stellt Rederei, die jene ablenkt, die eigentlich nur die Lehre verwirklichen wollen, eine besonders schwerwiegende Verfehlung dar.

Habsucht. Die *Voraussetzung* ist der innere oder äußere Besitz eines anderen. Der *Gedanke* sind Hoffnung und Wunsch, den Wohlstand oder die Gaben eines anderen für sich zu haben. Die *Ausführung* besteht darin, immer wieder daran zu denken. Das *Übel* sind die Drei Gifte, besonders jedoch ist es davon die Gier. Der *Abschluß* ist erreicht, wenn man sich ohne Scham und Scheu immer wieder an diesem Gedanken berauscht, ohne jemals etwas dagegen zu tun.

Es gibt drei Arten der Habsucht. Habsucht nach Anlagen und Faktoren, die einem bereits gehören, wie etwa das Haften am eigenen Wohlstand. Habsucht nach Anlagen und Faktoren, die einem anderen gehören, wie etwa das Haften an dessen Wohlstand. Habsucht nach Anlagen und Faktoren, die keinem von beiden gehören, wie etwa der Wunsch, einen unterirdischen Schatz zu finden. Von den verschiedenen Arten der Habsucht stellt die Habsucht nach dem Besitz eines Menschen, der der Welt entsagt hat, eine besonders schwerwiegende Verfehlung dar.

Böse Absicht. Die *Voraussetzung* schließt das Kontinuum eines [anderen] fühlenden Wesens ein. Der *Gedanke* ist der Wunsch, jemandem Schaden zuzufügen, ihn etwa zu töten oder zu schlagen. Die *Ausführung* besteht in dem Ereignis einer solchen Absicht. Das *Übel* sind die Drei Gifte, besonders jedoch ist es davon der Haß. Der *Abschluß* besteht darin, daß man dies sogar noch als eine gute Eigenschaft betrachtet und kein Gegenmittel anwenden will.

Es gibt drei Arten von böser Absicht. Böse Absicht aus Haß, wie zum Beispiel der Wunsch, einen Menschen im Kampf zu töten. Böse Absicht aus Eifersucht, zum Beispiel der Wunsch, einem Rivalen zu schaden. Und böse Absicht aus willkürlicher Feindseligkeit, zum Beispiel der Wunsch einem Menschen übel mitzuspielen, obwohl sich dieser jeglicher Beleidigung oder Schädigung enthalten hat. Von den verschiedenen Arten böser Absicht stellt diejenige, die eine Tat mit umgehender Vergeltung motiviert, [Vater, Mutter oder einen Feindvernichter zu töten, mutwillig das Blut eines Buddhas zu vergießen und Zwietracht in die Gemeinschaft der Praktizierenden zu tragen] eine besonders schlimme Verfehlung dar.

Falsche Sichtweise. Die *Voraussetzung* ist eine rechtschaffene oder nicht-rechtschaffene Erscheinung. Der *Gedanke* ist, Tugend und Missetat als nicht-existent zu betrachten, das Gesetz von Ursache und Wirkung in Frage zu stellen und so weiter. Die *Ausführung* besteht in dem Ereignis, wiederholt solche Gedanken zu denken. Das *Übel* sind die Drei Gifte, besonders jedoch ist es davon die Verblendung. Der *Abschluß* erfolgt, wenn man sich auf eine solche Sichtweise festlegt und kein Gegenmittel mehr anwenden will.

Es gibt drei Arten falscher Sichtweise. Die falsche Sichtweise bezüglich der Konsequenzen von Handlungen, zum Beispiel die Annahme, daß Tugenden kein Glück und Missetaten kein Leid verursachen würden. Die falsche Sichtweise bezüglich feststehender Wahrheiten, zum Beispiel die Annahme, daß es kein wahres Verlöschen oder Aufhören gibt, auch wenn man sich in den wahren Pfaden üben würde. Und die falsche Sichtweise bezüglich der Drei Juwelen, die dadurch zum Ausdruck kommt, daß man sich zum Beispiel mißbilligend oder abwertend über die Drei Juwelen äußert. Falsche Sichtweisen sind die schlimmste der drei Untugenden des Geistes.

Der Verzicht auf diese zehn Untugenden wird die Sittlichkeit genannt, die auf die zehn Untugenden verzichtet.

Die Gelübde, die den Weg der individuellen Befreiung stützen

Die Sittlichkeit der individuellen Befreiung heißt »individuelle Befreiung« *(so so thar pa; prātimokṣa),* weil sich die Menschen mit ihrer Hilfe aus dem Leiden zyklischer Existenz befreien können. Sie besteht im wesentlichen aus der Absicht [die den Geist und seine beigeordneten Geistfaktoren einschließt], auf die Schädigung und Benachteiligung anderer zu verzichten, und der Basis dieser Absicht, nämlich dem Wunsch, den Kreislauf der Existenzen um des eigenen Friedens willen endgültig hinter sich zu lassen. Die sittlichen Regeln [der individuellen Befreiung] sind also keineswegs allein von [der Sehnsucht] nach einem [verläßlichen] Schutz vor allen Ängsten oder von dem Wunsch nach einem guten Schicksal [innerhalb des Kreislaufs der Existenzen] motiviert.

Unterteilt man die Sittlichkeit der individuellen Befreiung unter dem Gesichtspunkt ihrer Basis [d. h. ihrer Vertreter, den Menschen also, die die damit verbundenen Gelübde einhalten], so erhält man die acht Gruppen von Gelübden, die zur individuellen Befreiung führen. Vasubadhu sagt in seinem *Schatzhaus des Wissens* IV 14a dazu:[24]

> Es gibt acht Arten individueller Befreiung.
> Diese lassen sich in vier Untergruppen aufteilen.

Die acht sind:

1 Laienanhänger für einen Tag *(bsnyen gnas, upavāsa)*
2 Laienanhänger *(dge bsnyen pha, upāsaka)*
3 Laienanhängerin *(dge bsnyen ma, upāsikā)*
4 Novize *(dge tshul pha, śrāmaṇera)*
5 Novizin *(dge tshul ma, śrāmaṇerikā)*
6 Nonne auf Probe *(dge slob ma, śikṣamāṇā)*
7 Mönch *(dge slong pha, bhikṣu)*
8 Nonne *(dge slong ma, bhikṣunī)*

Laienanhänger für einen Tag halten acht Gelübde ein. Laienanhänger und Laienanhängerinnen halten [bis zu] fünf Gelübde ein. Novizen und Novizinnen müssen sechsunddreißig Übertretungen unterlassen; darüber hinaus gibt es Verfehlungen, die jeweils teilweise [mit diesen Übertretungen] übereinstimmen, und die sie deshalb ebenfalls meiden müssen. Nonnen auf Probe müssen zwölf Gelübde (sechs Grundregeln und sechs ihnen entsprechende Nebenregeln) und zusätzlich die Gelübde einer Novizin einhalten. Die Gelübde eines vollordinierten Mönchs setzen sich zusammen aus: den vier Ablehnungen; den dreizehn Restgliedern; den dreißig Verderbtheiten, die zu meiden sind, den neunzig einfachen Verletzungen, von denen vier individuell gebeichtet werden müssen; und den hundertzwölf Fehlern. Ein vollordinierter Mönch muß also insgesamt zweihundertdreiundfünfzig Regeln beachten und einhalten. Die Gelübde einer vollordinierten Nonne setzen sich zusammen aus: den acht Ablehnungen; den zwanzig Restgliedern; den dreiunddreißig Verderbtheiten, die zu meiden sind; hundertachtzig einfachen Verletzungen, von denen zwölf individuell gebeichtet werden müssen; und den hundertzwölf Fehlern. Eine vollordinierte Nonne muß also insgesamt dreihundertfünfundsechzig Regeln beachten und einhalten.[25]

Die Gelübde des Laienanhängers für einen Tag gelten nur für diesen einen Tag. Es genügt, sie einen Tag lang einzuhalten. In den übrigen sieben Fällen gelten die acht Arten [von Gelübden] zur individuellen Befreiung für das gesamte Leben. Das heißt, man muß sie bis zum Tod einhalten.

Ferner muß der Empfänger oder die Empfängerin solcher Gelübde von einigen Hemmnissen frei sein: den Hemmnissen, die der Übertragung der Gelübde im Weg stehen (dazu zählen zum Beispiel die Taten, die unmittelbare karmische Vergeltung auslösen); den Hemmnissen, die der Aufrechterhaltung [der Gelübde] im Weg stehen (dazu zählen gesetzliche Verbote oder der Einspruch der Eltern); den Hemmnissen, die der Kräftigung [der Gelübde] im Weg stehen (dazu zählen körperliche Gebrechen), zum Beispiel daß man zu schwach ist, eine Krähe zu verscheuchen und Schönheitsfehler wie etwa blonde Haare oder ein verstümmeltes Ohr. Freiheit von solchen Hemmnissen ist die einzige Voraussetzung [für den Erhalt der Gelübde]. Unterschiede der sozialen Herkunft, wie eines hohen oder niederen Standes, einer reichen oder armen Familie spielen dabei keine Rolle. Man darf die Gelübde erhalten, sobald man in der Lage ist, entsprechend den eigenen geistigen Fähigkeiten zu üben.

Wer die Gelübde noch nicht erhalten hat [sie aber erhalten möchte], bekommt sie im Verlauf einer rituellen Handlung übertragen, die von zweifacher Art sein kann. Es kann einmal eine rituelle Handlung sein, wie sie in der Vergangenheit üblich war, und die keine großen Anstrengungen mit sich bringt [weil Buddha zu seinen Lebzeiten die Menschen auf sehr schlichte Weise in die Gemeinschaft der Praktizierenden aufnahm]. Oder es kann eine rituelle Handlung sein, wie sie jetzt üblich ist, eine Handlung, die [im Vergleich zu dem unkomplizierten Vorgehen jener Zeit, als der Buddha persönlich Schüler annahm] einiges Ungemach mit sich bringt.

Hat man die Gelübde dann bekommen, muß man sich sehr darum bemühen, sie auch einzuhalten: indem man sich von anderen Menschen darin bestärken läßt; indem man seine Gedanken rein hält; indem man klar erkennt, was ihnen jeweils entgegengesetzt ist; indem man sich genauestens in ihren Regeln schult; und indem man sich auf Zustände glücklicher Zufriedenheit stützt.

Was heißt nun, die Gelübde einzuhalten, indem man sich von einem anderen Menschen darin bestärken läßt? Das bedeutet, daß man sich einen Ratgeber sucht, der selbst sehr viel [von der Lehre] gehört hat, und daß man sich zweitens einen zum Vorbild nimmt, dessen Praxis gut und heilig ist. Ein solcher Ratgeber oder eine solche Ratgeberin ist besonders für alle diejenigen wichtig, die die volle Ordination empfangen haben. Sie sollten sich in jedem Fall auf einen qualifizierten Meister stützen und bei ihm wohnen.

Was heißt nun, die Gelübde zu wahren, indem man sein Denken und seine Bewußtheit reinhält? Das bedeutet, daß man es nicht an der entsprechenden *Anstrengung* ermangeln läßt, nicht an dem begeisterungswilligen Einsatz hinsichtlich aller Dinge, die anzunehmen bzw. aufzugeben sind. Es bedeutet ferner *Gewissenhaftigkeit*, und darunter verstehen wir die sorgfältige Erwägung, welchen Dingen man sich zu widmen und von welchen man sich abzuwenden hat. Es bedeutet *Achtsamkeit* und *Selbstbeobachtung*, die das eigene Kontinuum untersuchen und analysieren; und es bedeutet schließlich *Scheu* in allem, was andere, und ein *klares Bewußtsein* in allem, was einen selbst angeht.

Was heißt nun, die Gelübde zu wahren, indem man klar erkennt, was ihnen jeweils entgegengesetzt ist? Das bedeutet, man hält seine Gelübde dadurch aufrecht, daß man die Umstände durchschaut, die zu ihrem Verlust führen; daß man die Ursachen erkennt, die sie korrumpieren; daß man weiß, welche Bedingungen ihnen helfen und welche Faktoren die geistige Klarheit zunichte machen. Kurz, es bedeutet, daß man die Schriften aus der Sammlung der Ordensregeln studiert, hört und überdenkt.

Was heißt nun, die Gelübde zu wahren, indem man sich genauestens in ihren Regeln schult? Das bedeutet, man bemüht sich in der Ausführung der drei Grundübungen: Läuterung [der Verfehlungen], Erneuerung [der Gelübde] und Teilnahme an der Sommerklausur wie auch an ihrem [rituellen] Abschluß.

Was schließlich heißt es, die Gelübde zu wahren, indem man sich auf Zustände glücklicher Zufriedenheit stützt? Das bedeutet, man hütet sich vor allen Verletzungen [der Regeln], die die Kleidung, Nahrung, Gefäße [d.h. zum Beispiel die Almosenschale] und die Wohnung betreffen.

Verfehlungen entstehen hauptsächlich aufgrund der sogenannten vier Falltüren, die zum Bruch [der Gelübde] führen: Unkenntnis, Respektlosigkeit, mangelnde Gewissenhaftigkeit und, von vielen Plagen besessen zu sein. Achtsam und beständig muß man seine Gelübde wahren und schützen wie die eigenen Augen, und zwar indem man sich auf die oben erwähnten fünf Methoden stützt, die die Gelübde als Gegenmittel [gegen diese vier] aufrechterhalten.

Die Gelübde der Bodhisattvas und des Geheimen Mantras

Die Gelübde zur individuellen Befreiung sind die dem Kleinen und Großen Fahrzeug gemeinsamen Sittlichkeitsregeln. Die Bodhisattva-Gelübde und die Gelübde des Geheimen Mantras sind dagegen Sittlichkeitsregeln, die ausschließlich für das Große Fahrzeug gelten.

Wer die Bodhisattva-Gelübde empfangen hat, muß sich vor achtzehn Verletzungen und sechsundvierzig Verfehlungen hüten. Wer die Gelübde des Geheimen Mantras empfangen hat, muß sich vor vierzehn grundlegenden Verstößen, acht groben Verstößen und so weiter hüten, die den Fünf [Buddha-]Familien gemeinsam sind. Dazu kennt jede Übertragungslinie noch sehr viele zusätzliche Gelübde.

Diese beiden Arten von Gelübden [Bodhisattva-Gelübde und Gelübde des Geheimen Mantras] sind unendlich komplex, was die Bestimmung der jeweils geltenden Unterteilungen und die Methoden zu ihrem Schutz angeht. Ich werde sie deswegen an dieser Stelle nicht beschreiben.

5. Die Schulung der Besonderen Meditativen Gleichgewichtfindung

Die Schulung in Meditativer Gleichgewichtfindung ist die zweite der Drei Besonderen Schulungen. Meditative Gleichgewichtfindung *(ting nge 'dzin, samādhi)* geschieht, wenn der Geist ausschließlich gerichtet und ohne sich ablenken zu lassen bei einem beliebigen heilsamen Objekt verweilt. Im Verlauf der Heranbildung dieses Meditativen Gleichgewichts werden die eigentlichen [Vier] Konzentrationen *(bsam gtan, dhyāna)* und die [Vier] formlosen meditativen Versenkungen erreicht *(gzugs med kyi snyom 'jug, ārūpyasamāpatti)*. Mit der Vollendung dieser Entwicklung hat sich aus der Meditativen Gleichgewichtfindung schließlich die Vollkommenheit der Sammlung oder Konzentration *(bsam gtan gyi pha rol tu phyin pa, dhyānapāramitā)* gebildet.

Unterteilt man die Meditative Gleichgewichtfindung unter dem Gesichtspunkt ihres jeweiligen Wesens, muß man von zwei verschiedenen Unterarten ausgehen: die weltliche und die überweltliche. Wer diese [beiden] verwirklichen möchte, muß das Bewußtseins-Kontinuum als erstes auf Ruhiges Verweilen *(zhi gnas, śamatha)* einstimmen und mit dem nächsten Schritt den Besonderen Klarblick *(lhag mthong, vipaśyanā)* freilegen. An diesem Punkt wird er sich eine Meditative Gleichgewichtfindung erschlossen haben, die eine Vereinigung von Ruhigem Verweilen und Besonderem Klarblick ist. Der Überwinder-Sohn Shāntideva sagt in seinem *Eintritt in die Bodhisattvataten (byang chub sems dpa'i spyod pa la 'jug pa, bodhic[sattva]cāryāvatāra)* VIII 4:[26]

> In dem Wissen, daß der Besondere Klarblick,
> sofern er von Ruhigem Verweilen getragen wird,
> Die Leiden gründlich zerstört,

Geht es anfänglich darum, dieses Ruhige Verweilen anzustreben.
Erlangt wird es [dann] von jenen, die es lieben,
Nicht an der Welt zu haften.

Daß Ruhiges Verweilen als erstes zu entwickeln ist, hat seinen guten Grund. Alle Qualitäten der Drei Fahrzeuge sind nämlich Auswirkungen beruhigender und analytischer Meditationen, die [ihrerseits] selbst Ruhiges Verweilen und Besonderer Klarblick sind oder doch zumindest von diesen abstammen. Auf der Grundlage von Ruhigem Verweilen sind alle analytischen Meditationen und alle heilsamen Handlungen von großer Kraft erfüllt, weil der Geist in seinem eigenen Beobachtungsobjekt ruht und von nichts mehr abgelenkt wird.

Wie sich Ruhiges Verweilen verwirklichen läßt

Wer Ruhiges Verweilen verwirklichen möchte, muß mit Hilfe der acht Gegenmittel fünf Schwächen überwinden. Maitreya sagt dazu in seiner *Unterscheidung zwischen der Mitte und den Extremen (dbus mtha' rnam 'byed, madhyāntavibhaṅga) IV* 3b:[27]

Es entsteht aus der Anwendung der
Acht Wirkkräfte [von Gegenmitteln], die die
fünf Schwächen beseitigen.

Die fünf Schwächen sind

1 Faulheit: Darunter verstehen wir mangelnde Begeisterung für die Entwicklung Meditativen Gleichgewichts.
2 Vergeßlichkeit: Darunter verstehen wir den Verlust der Achtsamkeit; er führt dazu, daß wir das Objekt unserer Betrachtung aus den Augen verlieren.
3 Laschheit und Aufgeregtheit: Darunter verstehen wir, daß der Geist zwar nicht das Objekt vergißt, das er gerade betrachtet, dafür aber müde oder überreizt wird.
4 Nicht-Anwendung von Gegenmitteln: Darunter verstehen

wir, daß wir einerseits klar erkennen, daß der Geist müde oder überreizt ist, andererseits aber nicht die notwendigen Gegenmaßnahmen gegen Laschheit und Aufgeregtheit ergreifen.

5 Übertriebene Anwendung von Gegenmitteln: Darunter verstehen wir, daß wir uns nicht auf das Objekt der Betrachtung konzentrieren, sondern statt dessen [weiterhin irrtümlich] Gegenmaßnahmen gegen Laschheit und Aufgeregtheit ergreifen, obwohl diese Schwächen gar nicht vorhanden sind.

Deswegen heißt es in Maitreyas *Unterscheidung zwischen der Mitte und den Extremen* IV 4:[28]

> Faulheit, das Vergessen von Anweisungen,
> Laschheit und Aufgeregtheit
> Nicht-Anwendung und [übertriebene] Anwendung –
> Diese sind als die fünf Schwächen erklärt.

Man sollte also auf eine Weise meditieren, die diese fünf Schwächen überwinden hilft.

Nun zum Gebrauch der acht Gegenmittel, die diese fünf Schwächen außer Kraft setzen. Der Faulheit sind als erster der fünf Schwächen vier Gegenmittel zugeordnet, nämlich Glauben, Zielstrebigkeit, Anstrengung und Geschmeidigkeit. Das Gegenmittel gegen Vergeßlichkeit, die zweite Schwäche, ist Achtsamkeit. Das Gegenmittel gegen Laschheit und Aufgeregtheit, die dritte Schwäche, ist Selbstbeobachtung. Das Gegenmittel gegen die Nicht-Anwendung von Gegenmitteln, die vierte Schwäche, ist die Absicht, diese Gegenmittel tatsächlich anzuwenden. Das Gegenmittel gegen [übertriebene] Anwendung von Gegenmitteln, die fünfte Schwäche ist der Gleichmut, um den Geist in seinem natürlichen Zustand zu belassen. Maitreyas *Unterscheidung zwischen der Mitte und den Extremen* IV 5-6a sagt dazu:[29]

> Die Quelle [der Anstrengung: das ist das Streben
> nach Meditativem Gleichgewicht].
> In Abhängigkeit [von dieser Quelle
> kommt es zu großem Bemühen].

[Das Streben aber hat seinerseits] Eine Ursache:
[und die ist der Glaube, der die guten Eigenschaften
des Meditativen Gleichgewichts erkennt].
Schließlich das Ergebnis [der Anstrengung]:
[Das ist Geschmeidigkeit.
Und diese Geschmeidigkeit]
Vergißt nicht das Objekt der Betrachtung,
Sichtet mühelos Laschheit und Aufgeregtheit,
Trifft Gegenmaßnahmen, diese zu beseitigen
Und geht natürlich fließend weiter,
wenn einmal Ruhe gefunden wurde.

Deswegen sollte man beim Meditieren also unbedingt die acht Gegenmittel einsetzen.

Wer beim Meditieren (1) um die Unterteilung dieser [vorbereitenden Stufen Meditativer Gleichgewichtfindung] in die neun Verweilungen des Geistes weiß und (2) weiß, wie sich diese neun Verweilungen durch die sechs Kräfte erreichen lassen, und (3) darüber hinaus versteht, wie die sechs Kräfte in den vier Betätigungen des Geistes enthalten sind, der wird leicht zu makelloser Meditativer Gleichgewichtfindung kommen. Arya Maitreya sagt im *Schmuck der Sutras des Großen Fahrzeugs* XIV 11-14:[30]

1 Hast Du den Geist einmal auf das Objekt der Betrachtung gerichtet,
2 Erlaube nicht, daß sein Kontinuum sich ablenken läßt.
3 Hast Du eine Ablenkung direkt in ihrem Entstehen bemerkt [50], führe den Geist zurück zu seinem Objekt.
4 Sei auf der Hut und ziehe den Geist auch von inneren Ablenkungen mehr und mehr zurück.
5 Dann zähme den Geist in Meditativer Gleichgewichtfindung auf der Grundlage der guten Eigenschaften, die Du erkannt hast.
6 Da Du die Schwächen der Ablenkungen siehst, befriedest Du nun allen Widerwillen gegen Meditative Gleichgewichtfindung.
7 Wünsche, Sehnsüchte und so weiter sollten beim ersten

Anzeichen ihrer Erscheinung befriedet werden, und ebenso Unbehagen und Sorgen.

8 Wer sich solchermaßen um Beschränkung bemüht, bemüht sich wirklich um geistige Schulung.

9 Darauf ist natürliches, spontanes Entstehen erreicht. Du machst Dich damit vertraut. Darüber hinaus tust Du gar nichts.

Die neun Verweilungen des Geistes sind:

1 Einstellung des Geistes *(sems 'jog pa, cittasthāpana)*
2 Fortwährende Einstellung *(rgyun du 'jog pa, samsthāpana)*
3 Neu-Einstellung *(slan te 'jog pa, avasthāpana)*
4 Nah-Einstellung *(nye bar 'jog pa, upasthāpana)*
5 Zähmung *(dul bar byed pa, damana)*
6 Befriedung *(zhi bar byed pa, śamana)*
7 Gründliche Befriedung *(nye bar zhi bar byed pa, vyupaśamana)*
8 Eindeutigkeit *(rtse gcig tu byed pa, ekotīkaraṇa)*
9 Einstellung in Gleichgewicht *(mnyam par 'jog pa, samādhāna)*

Die sechs Kräfte sind:

1 die Kraft des Hörens *(thos pa, śruta)*
2 die Kraft des Überdenkens *(bsam pa, cintā)*
3 die Kraft der Achtsamkeit *(dran pa, smṛti)*
4 die Kraft der Selbstbeobachtung *(shes bzhin, samprajanya)*
5 die Kraft der Anstrengung *(brtson 'grus, vīrya)*
6 die Kraft der zwanglosen Vertrautheit *(yong su 'dris pa, paricaya)*

Die vier Betätigungen des Geistes sind:

1 entschlossene Betätigung *(sgrim ste 'jug pa, balavāhana)*
2 unterbrochene Betätigung *(bar du chad cing 'jug pa, sacchidravāhana)*
3 ununterbrochene Betätigung *(chad pa med par 'jug pa niśchidravāhana)*
4 mühelose Betätigung *(lhun grub tu 'jug pa, anābhogavāhana)*.

Wenn der Geist in einem ersten Schritt nach innen gelenkt und auf das Objekt seiner Betrachtung eingestellt wird, so daß er sich nicht mehr an äußere Objekte verliert, ist damit die erste Verweilung des Geistes erreicht, die wir als *Einstellung* charakterisiert haben. Diese Einstellung ist ein Ergebnis der ersten Kraft [der *Kraft des Hörens*], indem man lediglich auf die Anweisungen hört, wie der Geist auf ein Objekt der Betrachtung *eingestellt* oder ausgerichtet wird. An diesem Punkt [der Entwicklung] kann der Geist jedoch zumeist nicht an ein und demselben Ort verweilen. Vielmehr tosen die Gedanken wie ein Wasserfall. Man stellt deswegen fest, daß da Gedanken sind, und fragt sich ob [die Meditationspraxis] vielleicht sogar die Tendenz zur Verbegrifflichung verstärkt. Der Fall liegt jedoch anders. Da der Geist zuvor nicht nach innen gerichtet war, war er bis zu diesem Zeitpunkt auch nicht in der Lage festzustellen, wie viele Gedanken er eigentlich denkt. Jetzt hingegen führt die neu geweckte Achtsamkeit ihn dazu, diese Gedanken tatsächlich zu sehen. Es geht ihm also wie einem Beobachter, der plötzlich wahrnimmt, daß sehr viel mehr Menschen auf einer überfüllten Straße hin- und hereilen [als er gewöhnlich bemerkt, wenn er selbst auf dieser Straße hin- und hereilt]. Die vielen Gedanken sind also kein Zeichen dafür, daß wir irgend etwas falsch machen.

Man wird [die Meditation] Schritt für Schritt weiterentwickeln, indem man mit Hilfe der zweiten Kraft des *Überdenkens* das Kontinuum der Ausrichtung des Geistes auf das Objekt überdenkt und kräftigt. Es kommt zur zweiten Verweilung des Geistes, der *fortwährenden Einstellung*, wenn sich die ersten Anzeichen für eine zwar immer noch schwächliche Kontinuität [der Ausrichtung auf das Objekt] bemerkbar machen. An diesem Punkt [der Entwicklung] sind die Gedanken manchmal befriedet, brechen zuweilen aber auch ganz plötzlich hervor. Trotzdem stellt sich das Gefühl ein, das [diskursive] Denken würde ruhen.

In diesen ersten beiden Verweilungen ist Laschheit und Aufgeregtheit im Überfluß vorhanden, die Meditative Gleichgewichtfindung dagegen selten. Man muß darum kämpfen, daß der Geist auf sein Objekt eingestellt bleibt, und deswegen ist dies auch der richtige Moment für die erste Betätigung des Geistes: *entschlossene Betätigung*

Mit Hilfe der dritten Kraft, der *Kraft der Achtsamkeit*, erkennt man im weiteren Verlauf [der Praxis] sofort, wenn der Geist von seinem Objekt zu anderen Dingen abschweift, und kann ihn deswegen ebenso unverzüglich zurückholen. An diesem Punkt kommt es zur dritten Verweilung des Geistes: Stetige *Neu-Einstellung* [auf das Objekt].

Darauf folgt der nächste Schritt. Die Kraft der Achtsamkeit ist gewachsen. Der Geist läßt sich nicht mehr so leicht vom Objekt seiner Betrachtung ablenken, so daß er sich mehr und mehr aus seinem gewöhnlichen weitschweifigen Umherirren zurückzieht und immer subtiler wird. Seine Einstellung hat große Fortschritte gemacht, und daraus entsteht die vierte Verweilung: *Nah-Einstellung* [auf das Objekt].

Mit Hilfe der vierten Kraft, der *Kraft der Selbstbeobachtung*, erkennt man die Schwächen der diskursiven Gedanken und weiß, wie unheilsam es ist, sich in Situationen zu verlieren, die durch abgeleitete oder sekundäre Leiden gekennzeichnet sind. Deswegen hält man den Geist im Zaum. Man läßt nicht zu, daß er sich in Verbegrifflichung oder sekundären Leiden verirrt. Statt dessen eröffnet sich nun mit dieser *Zähmung* die fünfte Verweilung des Geistes, denn man denkt beständig an die guten Eigenschaften Meditativer Gleichgewichtfindung und erfreut sich daran.

Die Selbstbeobachtung zeigt deutlich alle Nachteile, die entstehen, wenn man sich ablenken läßt, und dies bewirkt, daß jeder Widerwille zusammenbricht, den man vielleicht gegen Meditative Gleichgewichtfindung empfunden haben mag. Daraus ergibt sich die sechste Verweilung des Geistes: *Befriedung.*

Sollten sich daraufhin Wünsche, Zerstreutheit, Laschheit, Lethargie und dergleichen einstellen, gibt man diesen nicht nach, sondern überwindet sie mit Hilfe der fünften Kraft, der *Anstrengung*. An diesem Punkt eröffnet sich die siebente Verweilung des Geistes: *Gründliche Befriedung.*

Von der dritten bis zur siebenten Verweilung des Geistes ist die Meditative Gleichgewichtfindung zwar überwiegend gefestigt, wird aber trotzdem gelegentlich von Laschheit und Aufgeregtheit unterbrochen. Deswegen unterliegen diese Verweilungen der zweiten Art der Betätigung des Geistes: *unterbrochene Betätigung.*

Die Kraft fortwährenden Bemühens bewirkt dann zusammen mit dem nachhaltigen Einsatz der Achtsamkeit, daß Störfaktoren wie Laschheit und Aufgeregtheit die Meditative Gleichgewichtfindung nicht mehr unterbrechen können. Das heißt, die Meditation ist nun ein stetiges Fließen. An diesem Punkt eröffnet sich die achte Verweilung des Geistes: *Eindeutigkeit.* Wer sich nun an diesem Punkt fortwährend bemüht, wird erfahren, daß Laschheit und Aufgeregtheit die Meditative Gleichgewichtfindung nicht mehr zunichte machen können. Infolgedessen wird er diese für lange Zeit aufrechterhalten können. Damit aber hat er zur dritten Betätigung des Geistes gefunden, die *ununterbrochen* ist.

Wer demgemäß über lange Zeit sehr viel meditiert, wird allmählich entdecken, daß ihn die sechste Kraft der *zwanglosen Vertrautheit* der Anstrengung entbindet, Achtsamkeit und Selbstbeobachtung einzusetzen, weil der Geist sich mittlerweile wie von selbst auf das Objekt seiner Betrachtung konzentriert. An diesem Punkt eröffnet sich die neunte Verweilung: *der Geist stellt sich auf sein eigenes Gleichgewicht ein.* Hat der Geist einmal mit Hilfe der Achtsamkeit, die ihn auf das Objekt der Betrachtung ausrichtet, zu meditativem Gleichgewicht gefunden, läßt sich Meditative Gleichgewichtfindung aus ihrer eigenen Kraft für lange Zeit ununterbrochen aufrechterhalten, ohne sich weiterhin auf eine [künstlich herbeigeführte] Achtsamkeit stützen zu müssen. Dies bedeutet, daß der Geist zu *müheloser Betätigung* gefunden hat.

Ein Beispiel: Man hat den Wunsch, einen Text zu rezitieren, den man sehr gut kennt. Man setzt sich also hin, fängt an und führt die Rezitation mühelos fort, auch wenn der Geist gelegentlich abgelenkt wird.

In dieser neunten Verweilung geht der Geist vollständig und mühelos in Meditativer Gleichgewichtfindung auf, weswegen die neunte Verweilung ein Ebenbild des Ruhigen Verweilens darstellt. Zudem wächst die Geschmeidigkeit, die [in schwacher Form] bereits zu einem früheren Zeitpunkt existierte, und dies bewirkt, daß alle schlechten Zustände, die den Geist davon abhalten, sich in den Dienst heilsamen Tuns zu stellen, mit dieser Geschmeidigkeit des Geistes endgültig befriedet sind. Da der Geist nicht mehr sinkt, und das Bewußtsein sich nicht mehr als schlechte Zustände verkörpert, nimmt auch der Körper keine schlechten Zustände mehr an. Damit entsteht physische Geschmeidigkeit, die sich ihrem Wesen nach als beglückende Körperempfindung manifestiert. Man erfährt also beseligende körperliche Glücksgefühle, die wiederum auf den Geist rückwirken: in ihm tritt ein hoher Grad an Freude und Glückseligkeit auf.

Schließlich wird sich diese heitere und wonnige Freude auflösen, und man tritt in eine unerschütterliche Geschmeidigkeit ein, die einer Meditativen Gleichgewichtfindung entspricht, in der der Geist fortwährend bei seinem Objekt der Betrachtung verweilt. Gleichzeitig eröffnet sich Ruhiges Verweilen, das zu den Vorbereitungen auf die erste Sammlung oder Konzentration gehört.

Die Konzentrationen und formlosen Versenkungen

Wer auf die oben beschriebene Weise zu einem mit allen notwendigen Eigenschaften ausgewiesenen Ruhigen Verweilen gelangt ist, kann Bewußtheit allmählich weiter verfeinern, sich infolgedessen von allem Haften an der jeweilig niedereren Ebene der Drei Bereiche und neun Ebenen lösen und daraufhin zur Meditativen Versenkung der nächsthöheren Ebene durchstoßen. Die Drei Bereiche sind: Begierde-Bereich, formhafter Bereich *(gzugs khams, arūpyahātu)*, und formloser Bereich *(gzugs med khams, rūpdhātu)*. Die neun Ebenen sind:
1 Begierde-Bereich *('dod khams, kāmadhātu)*

2 erste Konzentration *(bsam gtan dang po, prathamadhyāna)*
3 zweite Konzentration *(bsam gtan gnyis pa, dvitīyadhyāna)*
4 dritte Konzentration *(bsam gtan gsum pa, tritīyadhyāna)*
5 vierte Konzentration *(bsam gtan bzhi pa, caturthadhyāna)*
6 Raumunendlichkeit *(ranm mkha' mtha' yas, ākāśānantya)*
7 Bewußtseinsunendlichkeit *(rnam shes mtha' yas, vijñānānantya)*
8 Nicht-Etwasheit *(ci yang med, akiṃcanya)*
9 Gipfel des Existenzkreislaufs *(srid rtse, bhavāgra)*[31]

Die Entwicklung derartiger verursachender meditativer Versenkungen bewirkt Wiedergburten als ein Gott des formhaften oder formlosen Bereiches.

Die sieben Kontemplationen

Meister Asaṅga sagt in seinem *Kompendium des Wissens (mngon pa kun gtus, abhidharmasamuccaya)* über die richtigen Ansätze zur Entwicklung jener Sammlungen, die verursachende metitative Versenkungen sind:[32]

Über die sieben Kontemplationen tritt man in die Versenkung der ersten Konzentration ein. Was nun sind diese sieben? Es sind dies die Kontemplationen
1. der individuellen Erkenntnis der Wesensmerkmale; 2. aus bestem Wissen; 3. der gründlichen Absonderung; 4. des Rückzugs oder der Freude; 5. der Analyse; 6. der abschließenden Vorbereitung; und 7. der Frucht der abschließenden Vorbereitung.

Es gibt sechs Vorbereitungen auf die erste Konzentration:
1 Die Kontemplation der individuellen Erkenntnis des Wesensmerkmals *(mtshan nyid so sor rig pa, lakṣaṇapratisaṃvedī*
2 die Kontemplation, die aus gutem Wissen erwächst *(mos pa las byung pa, adhimokṣika)*
3 die Kontemplation der gründlichen Absonderung *(rab tu dben pa, prāvivekya)*
4 die Kontemplation des Rückzugs oder der Freude *(dga' ba sdud pa, ratisaṃgrāhaka)*

5 die Kontemplation der Analyse *(dpyod pa, mīmāṃsā)*
6 die Kontemplation der abschließenden Vorbereitung *(sbyor pa'i mtha', prayoganiṣṭha).*

Die erste *Kontemplation der individuellen Erkenntnis der Wesensmerkmale* hat zwei Faktoren: grobe Unterscheidung *(rtog pa, vitarka)* und feinsinnige Analyse *(dpyod pa, vicāra).* In der ersten Kontemplation vermischen sich Hören und Überdenken zu der Einsicht, daß die niederere Ebene des Begierde-Bereiches schädlich, die höhere Ebene der ersten Konzentration hingegen nützlich und überlegen ist.

Die zweite *Kontemplation, die aus gutem Wissen erwächst,* vertieft die erste Kontemplation, so daß sie nun aus der Meditation unmittelbar gewußt wird. Die dritte *Kontemplation der gründlichen Absonderung* ist die Absonderung oder Aufgabe der drei Zyklen von großen offenbar gewordenen Übeln des Begierde-Bereiches. Die neun Zyklen von Übeln des Begierde-Bereiches sind:

Drei Zyklen großer Übel
1 sehr-groß
2 mittel-groß
3 klein-groß

Drei Zyklen mittlerer Übel
1 groß-mittel
2 mittel-mittel
3 klein-mittel

Drei Zyklen kleiner Übel
1 groß-klein
2 mittel-klein
3 sehr-klein[33]

Die vierte *Kontemplation des Rückzugs oder der Freude* ist der nächstfolgende Schritt, nämlich die Aufgabe der drei mittleren Zyklen offenbar gewordener Übel, des Begierde-Bereiches.

Die fünfte *Kontemplation der Analyse* ist eine Untersuchung und säuberliche Zerlegung mit dem Ziel festzustellen, ob der Geist noch von den drei Zyklen von Übeln des Begierde-Bereiches verschmutzt ist. Die sechste *Kontemplation der abschließenden Vorbereitung* steht für das Ergebnis einer solchen Analyse. Abschließende Vorbereitung bedeutet demnach, daß auch die drei Zyklen der kleinen offenbar gewordenen Übel durch die Kraft des Gegenmittels [d. h. durch säuberliche Zerlegung] wegfallen.

Die sechs Kontemplationen führen damit zur ersten Konzentration, die die Bezeichnung trägt: *Kontemplation, die die Frucht der abschließenden Vorbereitung ist (sbyor ba'i mtha'i 'bras bu yid byed, prayoganiṣṭhaphalamanaskāra).* Die sechs Kontemplationen betrachten alles unter dem Aspekt von Grobheit und Feinheit, denn sie sehen die jeweilig niederere Ebene stets als unvollkommen und grob an, die jeweilig höhere Ebene dagegen als makellos und friedvoll. Jede von ihnen ist eine von allen Zweifeln befreite Erkenntnis und als solche ein Pfad-Bewußtsein, das dem entsprechenden weltlichen und überweltlichen Pfad gemeinsam ist.

Die vier Konzentrationen

Eine lückenlose erste Sammlung hat fünf Glieder; die zwei *Gegenmittel-Glieder* der (groben) Untersuchung *(rtog pa, vitarka)* und der (feinsinnigen) Analyse *(dpyod pa, vicāra)*; die zwei *Nutz-Glieder* der Freude *(dga' ba, prīti)* und Glückseligkeit *(bde ba, sukha)* und das *Basis-Glied* der Eindeutigkeit des Geistes *(sems rtse gcig pa, cittaikāgratā).*[34] Ist eine erste Konzentration durch Untersuchung und Analyse gekennzeichnet, nennt man sie reine erste Konzentration; dagegen spricht man von einer besonderen tatsächlichen ersten Konzentration, wenn zwar die Analyse, nicht jedoch die (gröbere) Untersuchung daran beteiligt ist.

Wer nicht mehr nach der ersten Konzentration verlangt, erreicht vermittels der entsprechenden Vorbereitung (d. h. mit Hilfe der Kontemplation der individuellen Erkenntnis, die die erste Konzentration ihrem Wesen nach als fehlerhaft, die zweite im Vergleich dazu aber als makellos und wünschenswert erkennt) die zweite Konzentration. Eine lückenlose zweite Konzentration hat vier Glieder: das *Gegenmittel-Glied* der inneren Klarheit *(nang rab tu dang ba, adhyātmasamprasāda);* die *Nutz-Glieder* von Freude und Glückseligkeit, die aus Meditativer Gleichgewichtfindung entstanden sind; und das *Basis-Glied* der Meditativen Gleichgewichtfindung. Innere Klarheit verweist auf Achtsamkeit, Selbstbeobachtung und Gleichgewicht der entsprechenden Ebene. Da die innere grobe Untersuchung vollständig aufgegeben wurde, faßt man diese [drei Faktoren] nun unter dem Begriff der »inneren Klarheit« zusammen.

Gibt man hiernach sein Verlangen nach der zweiten Konzentration auf, indem man sich auf die dritte Konzentration vorbereitet (d. h. sich auf jene sechs Analysen stützt, die die zweite Konzentration als fehlerhaft, die dritte hingegen als wünschenswert erkennen), erlangt man eine tatsächliche dritte Konzentration. Eine solche lückenlose dritte Konzentration hat fünf Glieder: die drei *Gegenmittel-Glieder* von Achtsamkeit, Selbstbeobachtung und Gleichgewicht; das *Nutz-Glied* der Glückseligkeit, von der inzwischen das Element der Freude weggefallen ist; und das *Basis-Glied* der Meditativen Gleichgewichtfindung.

Gibt man danach sein Verlangen nach der dritten Konzentration auf, indem man sich auf die vierte Konzentration vorbereitet (d. h. sich auf jene sechs Analysen stützt, die die dritte Konzentration als fehlerhaft, die vierte hingegen als wünschenswert erkennen), erlangt man eine tatsächliche vierte Konzentration. Eine solche lückenlose vierte Konzentration hat vier Glieder: die zwei *Gegenmittel-Glieder* von reiner Achtsamkeit und reinem Gleichgewicht; das *Nutz-Glied* des Gefühls von Gleichgewicht; und das *Basis-Glied* der Meditativen Gleichgewichtfindung. Man bezeichnet die Achtsamkeit in diesem Fall als »rein«, weil sie von den acht Makeln fehlerhafter Konzentration vollkommen geläutert ist. Sie ist befreit von der feurigen Art der Untersuchung und Analyse, die für die erste Konzentration typisch sind. Sie ist befreit von den Gefühlen der Freude und des Schmerzes, die das Sinnesbewußtsein begleiten und für die zweite Konzentration typisch sind. Sie ist befreit von der geistigen Freude und dem geistigen Schmerz, die das Geist-Bewußtsein begleiten und für die dritte Konzentration typisch sind. Und sie ist befreit von Einatmung und Ausatmung, die für die vierte Konzentration typisch sind.

Nominell beinhalten die vier Konzentrationen also achtzehn und substantiell elf Glieder. In seinem *Schatzhaus des Wissens* sagt Meister Vasubandhu VIII 7-8:[35]

> Die erste hat fünf: Untersuchung, Analyse, Freude,
> Glückseligkeit und Meditative Gleichgewichtfindung;
> Die zweite hat vier Glieder:
> Klarheit, Freude und so weiter.
> Die dritte hat fünf: Gleichgewicht, Achtsamkeit,
> Selbstbeobachtung, Glückseligkeit und Verweilen;
> Die letzte vier Glieder: Achtsamkeit, Gleichgewicht,
> Weder-Freude-noch Schmerz und Meditative Gleichgewichtfindung.
> Als substantielle Wesenheit gibt es also elf solche Glieder.

Diese Konzentrationen haben Einfluß auf die Art der nachfolgenden Wiedergeburt. So wird, wer eine tatsächliche erste Konzentration auf unterem, mittlerem oder hohem Niveau verwirklicht hat, demzufolge in den drei Bereichen wiedergeboren, die der ersten Konzentration entsprechen, also in den Reichen der Brahma-[Götter] und so weiter. Dies gilt auch für die zweite und dritte Konzentration. Wer sogar eine tatsächliche vierte Konzentration auf unterem, mittlerem oder hohem Niveau verwirklicht hat, wird infolgedessen in den Bereichen wiedergeboren, die ihrem jeweiligen Niveau entsprechen, also im Bereich der »Unumwölkten« und so weiter. Das heißt: wer auch immer eine tatsächliche Konzentration auf unterem, mittlerem oder hohem Niveau erreicht hat, wird die Früchte davon in dem [kosmologischen] Bereich genießen, der dieser Konzentration zugeordnet ist. Die körperliche Erscheinung, die Form, die dabei entsteht; nennt man den *Reifungs-Effekt (rnam smin gyi 'bras bu, vipākaphala)*; den zu dieser Versenkung gehörigen Geist nennt man *den mit der Ursache übereinstimmenden Effekt (rgyu mthun gyi 'bras bu, niṣyandaphala)*; die Manifestation des Potentials des entsprechenden Bereichs schließlich nennt man *den rechtmäßig erworbenen Effekt (bdag po'i 'bras bu, adhipatiphala)*.[36]

Die vier Formlosen Versenkungen

Die vier möglichen Formlosen Versenkungen heißen: Raumunendlichkeit, Bewußtseinsunendlichkeit; Nicht-Etwasheit und Gipfel des Existenzkreislaufs. Ist die vierte Konzentration erreicht, ohne daß sie in ihrer Intensität nachlassen und degenerieren würde, lösen sich [für das Geist-Bewußtsein] alle Körperempfindungen, Präsentationen und Erscheinungen auf, die an [das Aggregat] der Form gebunden sind, und man erlebt in der Meditation »alle Erscheinungen so grenzenlos und unendlich wie Raum«. Die Vollendung dieser Meditation ist die Versenkung der Raumunendlichkeit.

Dann geht man selbst über die Grenzen der Raumunendlichkeit noch hinaus, indem man meditiert: »Auch das Bewußtsein ist so unendlich wie Raum.« Die Vollendung dieser Meditation ist die Versenkung der Bewußtseinsunendlichkeit. Hat man schließlich direkt gesehen, daß auch diese beiden [Unendlichkeiten] noch [grobe, auf diskursivem Denken beruhende] Situationen hervorrufen, meditiert man weiter in dem Gedanken, daß es eigentlich gar kein Wahrnehmungs- und Denkobjekt gibt. Die Vollendung dieses Prozesses mündet in die Versenkung der Nicht-Etwasheit.

Sieht man dann ganz unmittelbar, daß alle drei [bisherigen Versenkungen] noch [grobe, auf diskursivem Denken beruhende] Situationen hervorrufen, meditiert man weiter in dem Gedanken: »Es gibt keine grobe Unterscheidung, und die subtile Unterscheidung ist nicht nicht-existent.« Die Vollendung dieses Prozesses ist eine Versenkung genannt »Weder-Unterscheidung-noch-Nicht-Unterscheidung« *('du shes med 'du shes med min, nāivasaṃjñāsaṃjñā)*, auch als Gipfel des Existenzkreislaufs bekannt.

Der Formlose Bereich hat zwar selbst keine besondere und

[von anderen Bereichen] getrennte Lokalisierung. Er stellt keine gesonderte grobstoffliche [Erscheinungswelt] dar. Trotzdem bleiben die Formlosen Versenkungen nicht ohne Konsequenzen. Ihre Erfolge lassen sich an Gegensätzen wie Überlegenheit und Unterlegenheit, Länge [oder Kürze der] Lebensspanne, hoch und niedrig und dergleichen festmachen. Die Freuden einer solchen hohen Stellung [im Rahmen des Kreislaufs der Existenzen] nehmen immer subtilere Züge an, das heißt die Meditativen Gleichgewichtfindungen werden immer unendlicher und gefestigter, die Lebensspanne immer länger und so weiter.

Warum die Konzentrationen und Versenkungen notwendig sind

Wer die vier tatsächlichen Konzentrationen verwirklicht hat, [gewinnt damit] die Vier Unermeßlichen: Liebe, Mitgefühl, Freude und Gleichgewicht und zusätzlich die vier weltlichen übersinnlichen Kräfte *(mngon shes, abhijñā)*: das göttliche Auge; das göttliche Ohr; die Fähigkeit des Gedankenlesens; und die Kenntnis der Wanderungen und Wiedergeburten. Man verwirklicht also die besonderen Eigenschaften [der meditativen Versenkungen] der beiden höheren Bereiche [d. h. des Formhaften und des Formlosen Bereichs].

Wer den Pfad der Drei Fahrzeuge betreten hat, muß auf der Grundlage dieser Meditativen Gleichgewichtfindungen und Eigenschaften noch die höheren Prinzipien [dieser Pfade] verwirklichen. Dies bedeutet, daß [die Meditativen Gleichgewichtfindungen der Konzentrationen und Versenkungen] die Basis für alle höheren Fähigkeiten wie etwa Hellsehen sind. Und deswegen ist es sinnvoll, sich um die Konzentrationen und Versenkungen zu bemühen.

Ein anderer Grund ist die unmittelbare Wechselwirkung zwischen Konzentration und Geist. Demnach eröffnet sich die Versenkung des Nicht-Unterscheidens in unmittelbarer Abhängigkeit von einem Geist, der in einer tatsächlichen vierten Konzentration verweilt. Oder: der Geist in einer tatsächlichen Versenkung des Gipfels des Kreislaufs der Existenzen bedingt ursächlich die Versenkung in das Aufhören oder Verlöschen [aller Kreislaufexistenzen] *('gog pa, nirodha).*

Aus diesen Gründen sollten Buddhisten wie Nicht-Buddhisten gleichermaßen die Vier [Formhaften] Konzentrationen und die Vier Formlosen Versenkungen erstreben und verwirklichen. Sie sind vorbereitende Lehren auch für alle diejenigen, die die Stufen der Lehren des Siegers [Buddhas] erklimmen wollen. Deswegen sollten sie sie üben, nach dem sie sie wie hier beschrieben kennengelernt haben.

6. Die Schulung der Besonderen Weisheit

Die Schulung der Weisheit ist die dritte der Drei Besonderen Schulungen. Weisheit ist die Unterscheidung der Phänomene vermittels Untersuchung und Analyse. Ihre Vollendung mündet in die Vollkommenheit der Weisheit *(shes rab kyi pha rol tu phyin pa, prajñāpāramitā)*. Es gibt drei Arten von Weisheit:

1 Weisheit, die das Absolute erkennt. – Sie vergegenwärtigt die Soheit der Selbst-Losigkeit entweder direkt oder vermittels eines Sinnprinzips *(don spyi, arthasāmānya)*, [das ein inneres Gattungsbild ist].
2 Weisheit, die Konventionen erkennt und versteht. – Sie besteht in der Beherrschung der fünf klassischen Wissenschaften [Linguistik, Logik und Erkenntnistheorie, die Künste, Medizin und die inneren Wissenschaften.]
3 Weisheit, die erkennt, wie man für das Wohl der fühlenden Wesen sorgt. – Sie besteht in dem Wissen und der Kenntnis, das gegenwärtige und das zukünftige Wohlergehen der Wesen zu gewährleisten, ohne sich dabei in den Mitteln zu vergreifen.

Die wichtigste dieser drei Arten von Weisheit ist die erste: Die Erkenntnis von Selbst-Losigkeit. Diese gilt es unbedingt zu verwirklichen.

Die verschiedenen Schulrichtungen buddhistischer Lehrmeinung postulieren Selbst-Losigkeit mit einer Vielzahl von Aussagen und Erklärungen, die letztendlich alle nur Hilfsmittel sind, um zur Sichtweise der Folgernden-Schule des Mittleren Weges *(dbu ma thal 'gyur pa, prāsaṅgika-mādhyamika)* zu gelangen. Deswegen wollen wir uns hier im wesentlichen auf die Erklärungen beschränken; mit denen die Folge-Schule des Mittleren Weges Selbst-Losigkeit nachgewiesen hat.

In Chandrakīrtis *Anhang zum »Mittleren Weg«* VI 120 heißt es:[37]

> Indem sie mit ihrem Geist unmittelbar sehen,
> Daß alle Leiden und Makel nur deshalb entstehen,
> Weil eine bestimmte Sichtweise die
> Vergängliche Anhäufung von [Körper und Geist als
> »Inhärent existierend« als »Ich« und »Mein« betrachtet],
> Verneinen [wahre] Yogis das Selbst,
> inhärente Existenz],
> Denn sie haben das Selbst als [den zentralen
> Und entscheidenden] Baustein dieser
> Sichtweise erkannt.

Die Wurzel allen Übels der Kreislaufexistenzen und des einsamen Friedens ist die Unwissenheit, die sich eine »wahre Existenz« wie auch alle Prädispositionen [für eine solche Existenz] ausdenkt. Diese Unwissenheit ist unausrottbar, es sei denn, man bringt jene Erhabene Weisheit zur Anwendung, die Selbst-Losigkeit erkennt und damit eine Art des Erfassens darstellt, die das Gegenteil der Unwissenheit ist, welche [fortwährend] eine »wahre Existenz« ersinnt. Aus diesem Grund muß man sich stetig und intensiv um den Besonderen Klarblick bemühen, der das geeignete Mittel ist, die Bedeutung der Selbst-Losigkeit zu begreifen.

Es gibt zwei Arten von Selbst-Losigkeit: Selbst-Losigkeit von Personen und Selbst-Losigkeit von Erscheinungen. Da sich die Selbst-Losigkeit von Erscheinungen leichter mit Bestimmtheit ermitteln läßt, wenn zuvor die Selbst-Losigkeit von Personen festgestellt wurde, gilt es, als erstes die Selbst-Losigkeit von Personen zu klären.

Selbst-Losigkeit von Personen

Wer die Selbst-Losigkeit entscheidend klarstellen möchte, muß vier wesentliche Voraussetzungen erfüllen.

1 Die wesentliche Voraussetzung, das Objekt der Verneinung zu bestimmen.
2 Die wesentliche Voraussetzung, den unveräußerlichen Besitz [d. h. Leerheit] zu bestimmen.
3 Die wesentliche Voraussetzung, ein [angenommenes] Einssein als nicht-vorhanden zu bestimmen.
4 Die wesentliche Voraussetzung, eine [angenommene] Unterscheidung als nicht-vorhanden zu bestimmen.

Meister Shantarakshita sagt in seinem *Schmuck des Mittleren Weges (dbu ma rgyan, madhyamakālaṃkāra):*[38]

> Diese Dinge, die wir und andere [als Wesenheiten]
> Vorschlagen und verteidigen,
> Sind Spiegelbildern gleich:
> Sie haben keine inhärente Existenz,
> Weil sie letztlich weder *ein* Wesen noch
> *Viele* Wesen [zum Kern zu haben].

Für die Erforschung der Selbst-Losigkeit ist die Bestimmung des Objektes der Verneinung besonders wichtig. In Meister Shāntidevas *Eintritt in die Bodhisattvataten* XI 140 heißt es deswegen:[39]

> Ohne vorherige Berührung ist die
> Nicht-Existenz eines angenommenen Existenzials
> nicht zu begreifen.

Ein Objekt der Verneinung ist alles das, was eine Bewußtheit wahrnimmt, die wahre Existenz erdichtet und vorspiegelt.

Wer allerdings nur das grobe Objekt der Verneinung identifiziert und das subtile übersieht, kann auch nur das grobe verneinen. Da [auf diese Weise] vom Objekt der Verneinung immer noch ein Rückstand übrigbleibt, ist er nicht in der Lage, die Vorstellung wahrer Existenz ernsthaft zu gefährden. Infolgedessen wird er dem Extrem verfallen, [den Erscheinungen eine wahre Existenz] anzudichten. Wer dagegen das Objekt der Verneinung zu weit faßt, indem er alles, was erscheint, für ein Objekt der sechs Arten von Sinnenbewußtsein [Augen-, Ohren-, Nasen-, Zungen-, Körper- und Geist-Bewußtsein] hält, wird dem entgegengesetzten Extrem verfallen: Er wird alle konventionellen Darbietungen verneinen, und damit ist die Gefahr der völligen Zerstörung außerordentlich groß.

Es bedarf einer viel gründlicheren Analyse. Das heißt, es gilt, genau zu bestimmen, auf welche Art und Weise die angeborene [falsche] Vorstellung vom Ich [als einem inhärent existierenden Seienden], das Ich als selbstbestimmtes Existenzial festlegt. Es gilt zu bestimmen, auf welche Art und Weise dem Ich die Kraft zugeschrieben wird, für sich allein zu stehen, so daß es sich damit gleichsam selbst ins Leben zu rufen scheint. Es gilt zu bestimmen, wie es dazu kommt, daß man es als eine unabhängige Entität betrachtet, die nicht durch den Komplex jener mentalen und physischen Aggregate bedingt zu sein scheint, die es doch eigentlich erst festlegen. Und es gilt zu bestimmen, wie man glauben kann, das Ich würde von keinem dieser Aggregate individuell abhängen, obwohl es doch gemeinsam mit ihnen in Erscheinung tritt. Indem man dies alles genau bestimmt, indem man feststellt, wie [ein Bewußtsein] funktioniert, das aus seiner Veranlagung heraus das Ich als inhärent existierend mißversteht, ermittelt man das Objekt der Verneinung. Die unverfälschte Erkenntnis dieser Vorgänge ist die erste der vier wesentlichen Voraussetzungen für Selbst-Losigkeit: die Bestimmung des Objekts der Verneinung.

Die Bestimmung des unveräußerlichen Besitzes der Leerheit

Wäre das Ich als inhärent existierend ausgewiesen, müßte es als eine Wesenheit feststehen, die entweder mit den mentalen und physischen Aggregaten identisch oder verschieden von ihnen ist. Das Urteil darüber, daß es neben diesen [beiden Möglichkeiten] keinen anderen Weg gibt, das Ich festzulegen, ist die zweite wesentliche Voraussetzung für Selbst-Losigkeit – die Bestimmung des unveräußerlichen Besitzes der Leerheit [denn sie bestätigt ausdrücklich, daß etwas, das nicht als dieselbe aber auch nicht als eine von seiner Bezeichnungsgrundlage verschiedene Wesenheit festgelegt ist, zwangsläufig von inhärenter Existenz leer sein muß].

Die Bestimmung der Abwesenheit eines Einsseins

Wären die beiden (das Selbst und die Aggregate) eine wahrhaft oder inhärent feststehende Wesenheit, müßten sie vollkommen untrennbar sein. Warum? Eine Gegenüberstellung von Seinsweise und Erscheinungsweise, bei der die Erscheinungen als verschiedene begrifflich isolierbare Faktoren oder Unterteilungen hervortreten, obwohl sie dieselbe Wesenheit sind, ist nach allen konventionellen Kriterien eine unmögliche, weil falsche Behauptung. Es kann also keine solche Trennung zwischen Seinsweise und Erscheinungsweise geben, wenn etwas wahrhaft [d.h. inhärent] feststehen soll. Und zwar deswegen nicht, weil die Beschaffenheit eines solchen Objekts, [das wahrhaft oder inhärent feststehen würde] einer Bewußtheit, der dieses Objekt erscheint, genau als das erscheinen müßte, was es in Wahrheit ist.

Einmal angenommen, diese beiden (das Selbst und die Aggregate) wären tatsächlich eine feststehende Einheit, müßten sich daraus einige Widersprüche ergeben, die logisch nicht haltbar sind:

1 Da eine Person viele [mentale und physische] Aggregate hat, müßte sie viele Personen sein.
2 Oder umgekehrt müßte es eigentlich nur ein Aggregat geben, weil es ja offenbar auch nur eine Person gibt.

3 Die Person müßte sich in demselben Augenblick [inhärent] erzeugen und auflösen, in dem die [mentalen und physischen] Aggregate erzeugt werden und sich auflösen.

Wer sich mit Hilfe einer solchen, viele Überlegungen berücksichtigenden Analyse vergegenwärtigt, daß das Selbst und die Aggregate keine inhärent feststehende Einheit sind, erschließt sich die dritte wesentliche Voraussetzung für Selbst-Losigkeit: die Bestimmung der Abwesenheit eines Einsseins.

Die Bestimmung der Abwesenheit einer inhärenten Verschiedenartigkeit

Wären das Selbst und die Aggregate inhärent verschieden, müßte ihre Verschiedenartigkeit auch logischer Analyse standhalten. Das heißt: sie müßten tatsächlich grundverschieden sein und dürften nicht das geringste miteinander zu tun haben, nicht bezüglich ihrer Wesenheit, nicht bezüglich ihrer Substanz und so weiter. Warum? Eine Verschiedenartigkeit, die sich zwar aus der Perspektive gedanklich isolierbarer Faktoren, nicht jedoch gleichzeitig auch aus der Perspektive der Wesenheit aufrechterhalten läßt, ist ihrem Status und ihrer Bedeutung nach ein Unding – eine in sich widersprüchliche Behauptung. Sie ist deswegen ungeeignet, etwas als inhärent festzulegen.

Wären das Selbst und die physischen Aggregate tatsächlich zwei grundverschiedene Dinge, daß keinerlei Verbindung zwischen ihnen bestehen würde, müßte das Selbst auch nicht krank werden, altern und so weiter, wenn es zu Krankheit, Alter und schließlich dem Abwerfen der Aggregate [d. h. Tod] kommt. [Diese Sichtweise, die von einer feststehenden Verschiedenartigkeit ausgeht], würde also zwangsläufig zu dem Trugschluß führen, das Selbst [als eine Wesenheit] zu betrachten, die frei ist von allen Eigenschaften der Aggregate, frei von Entstehung und Verfall und so weiter. Überdies ergäben sich noch weitere irrige Ansichten. So müßte man dann zum Beispiel annehmen, daß ein getrenntes Selbst nachweisbar ist, wenn man nur [im Geist] die fünf Aggregate aus dem Weg räumt, [die es verdecken]. [Da dies alles unmöglich ist], ist die Feststellung der Abwesenheit einer inhärent feststehenden Verschiedenartigkeit zwischen dem Selbst auf der einen und den geistigen und physischen Aggregaten auf der anderen Seite die vierte wesentliche Voraussetzung für [Selbst-Losigkeit]: die Bestimmung der Abwesenheit einer inhärenten Verschiedenartigkeit.

Die Vergegenwärtigung der Selbst-Losigkeit der Person

Vergegenwärtigt ein Bewußtsein die Nicht-Festlegung [des Selbstes und der geistigen und physischen Aggregate], die diese entweder als eine inhärent feststehende Einheit oder als inhärent feststehende [Wesenheit] ganz verschiedener Art erklärt, wird es damit zu einer Bewußtheit, die den Grund erkennt – den Beweis dessen, was es zu beweisen gilt: die Abwesenheit inhärenter Existenz.

Wir wollen mit einem Beispiel verdeutlichen, wie wir uns mit Hilfe dieses [Beweises] vergegenwärtigen können, daß das Selbst nicht inhärent existiert, was [dabei] ja auch tatsächlich nachgewiesen wird. Nehmen wir einmal an, ein Bulle ist verlorengegangen, und es gibt nur zwei Felder, in die er entkommen sein kann. Wenn nun jemand diese Felder gründlich von oben bis unten abgesucht, den Bullen dabei aber nicht gefunden hat, dann drängt sich ihm lediglich dadurch lebhaft der Gedanke auf, daß es den gesuchten Bullen gar nicht gibt.

Analog verschwindet auch das Selbst, welches das dem Geist eingeprägte Objekt der Verneinung ist, wenn zuvor genau ermittelt wurde, wie dieses Objekt der Verneinung in einem Bewußtsein in Erscheinung tritt, das ihm wahre Existenz andichtet, und man dann vermittels logischer Schlüsse die Abwesenheit sowohl eines Einsseins als auch eines Verschiedenseins vergegenwärtigt hat. Kommt man an diesem Punkt endgültig zu dem Schluß, daß ein solches Selbst nicht existiert, ist die Selbst-Losigkeit von Personen erkannt und die Sichtweise des Mittleren Weges aufgetan.

Selbst-Losigkeit von Erscheinungen

Das *Sutra vom König der Meditativen Gleichgewichtfindungen (ting nge 'dzin rgyal po'i mdo, samādhirājasūtra)* sagt:

> Wie Du inzwischen weißt, hat die Unterscheidung
> eines Selbstes [als inhärent existierende
> Wesenheit keine Grundlage].
> Wende diese [Einsicht] nun im Geist
> auf alle [Erscheinungen] an.
> Alle Erscheinungen sind wie Raum.
> Sie besitzen keinen Wesenskern,
> der ihnen innewohnt.

Die Selbst-Losigkeit der Erscheinungen ist der Selbst-Losigkeit ähnlich, die wir soeben hinsichtlich der Person erklärt haben. Betrachten wir zum Beispiel einen Topf. Damit der Topf existieren kann, bedarf es einmal seiner substantiellen Ursache, nämlich zahlloser winziger Partikel, die zusammen erst den Topf ausmachen; und es bedarf mitwirkender Bedingungen, zum Beispiel der Arbeit der Töpferhand. Einen Topf, der von keinen derartigen Faktoren abhängig, sondern vielmehr aus eigener Kraft aus sich selbst entstanden wäre, einen solchen Topf gibt es nicht, nirgendwo.

Gleicherweise gibt es keine Erscheinung, die nicht in Abhängigkeit von Ursachen, Bedingungen, den Komponenten, aus denen sie sich zusammensetzt, und so weiter [oder auf diesen aufbauend] entstanden wäre. Aber: auch wenn die Erscheinungen so nicht wahrhaft existieren können, *scheinen* sie doch so zu existieren, und eine Bewußtheit, die nur den bloßen Schein der Erscheinungen wahrnimmt, ist ein Bewußtsein, das den Erscheinungen ein Selbst andichtet.

Hat man festgestellt, daß eine solche Bewußtheit mit dem ihr eigentümlichen Wahrnehmungsmodus in Aktion ist, beginnt man seine Analyse mit Hilfe der Bestimmung der vier wesentlichen Voraussetzungen, die wir oben beschrieben und kennengelernt haben.

Am Ende dieser Analyse löst sich das Objekt des Wahrnehmungsmodus einer solchen Bewußtheit in nichts auf, und das Objekt erscheint dem Geist infolgedessen als ein bloß begrifflich zugerechnetes Existenzial, als ein bloßes Zusammenkommen von Abhängigen Entstehungen. An diesem Punkt ist die Selbst-Losigkeit von Erscheinungen verwirklicht.

Die Kraft dieser Ermittlung, der Nachweis, daß Personen und Erscheinungen nicht aus sich selbst existieren, induziert und verstärkt die Feststellung, daß Wahrnehmungen nur als sich wechselseitig bedingtes Agens und Objekt stichhaltig sind. Darüber hinaus besitzen sie keine Gültigkeit. Die Ermittlung rein nomineller Abhängiger Entstehungen fördert überdies die Feststellung, daß Erscheinungen leer sind, weil sie nicht aus sich selbst entstehen können. Kommt dieser Prozeß der gegenseitigen Verstärkung zum Tragen, ist damit Leerheit als die eigentliche Bedeutung Abhängiger Entstehung und Abhängige Entstehung als die eigentliche Bedeutung der Leerheit vergegenwärtigt. Man hat die einzige der Wirklichkeit entsprechende Sichtweise gewonnen, das unübertroffene Denken eines Buddhas – so wie es ist.

Natürlich gibt es neben der logischen Erschließung der Abwesenheit eines Einsseins oder einer völligen Verschiedenartigkeit auch noch viele andere Methoden, Leerheit zu vergegenwärtigen: etwa die Diamantscheiben; die Beweisführung, die die vier Ebenen widerlegt; die Beweisführung, die die vier Entweder-Oder widerlegt; und die Beweisführung des Abhängigen Entstehens.[40] Wer untrüglich die Bedeutung der Selbst-Losigkeit – die vollkommene Leerheit – mit Hilfe der verschiedensten Beweisführungen feststellt, sollte [dieses Verstehen] in der Übung analytischer und stabilisierender Meditationen immer weiter wecken, zu immer größerer Höhe führen. Dies ist der richtige Weg: die Schulung der Besonderen Weisheit.

7. Wie sich der Fortschritt auf den Pfaden des Großen und des Kleinen Fahrzeugs im Rahmen der Drei Schulungen entwickelt und gestaltet

Indem sie sich also dieser Drei Besonderen Schulungen befleißigen, kommen einige Menschen auf dem Pfad des Kleinen Fahrzeugs vorwärts und erreichen als Hörer *(nyan thos, śrāvaka)* oder Einsame Verwirklicher *(rang sangs rgyas, pratyekabuddha)* die wunderbare Befreiung, die der Seinsweise eines Feindvernichters *(dgra bcom pa, arhan)* entspricht. Andere machen ihre Fortschritte auf dem Pfad des Großen Fahrzeugs und erreichen Buddhaschaft.

Die Pfade des Kleinen Fahrzeugs der Hörer

Es gibt fünf Pfade der Hörer: den Pfad der Ansammlung, den Pfad der Vorbereitung, den Pfad des Sehens, den Pfad der Meditation und den Pfad des Nicht-mehr-Lernens. Chandrakīrti sagt in seinen *Siebzig Strophen über die Dreifache Zuflucht (skyabs 'gro bdun cu pa/gsum la skyabs su 'gro ba bdun cu pa, triśarraṇasaptati)* folgendes über ihre Meisterung:

> Wer also um der Kraft des Guten willen
> Sich bemüht zu hören, der
> Wird auf Grund seines [Strebens]
> nach Befreiung [aus dem Kreislauf der Existenzen]
> Allmählich ein Hörer werden.

»Kreislauf der Existenzen« verweist auf das Kontinuum [mentaler und physischer] Aggregate, die man durch Verunreinigung auf sich gezogen hat. Dies will sagen, daß verunreinigte Taten und unreine Gefühle zur Annahme eines bestimmten Körpers geführt haben. Dieselben Verunreinigungen treiben einen durch Kreisläufe von Wiedergeburten, die vom Gipfel des Existenzkreislaufs *(srid rtse bhavāgra)* bis herab zur qualvollsten Hölle *(mnar med, avīci)* reichen. Wer in dieser Situation klar erkennt, wie sehr die drei Arten des Leidens [direktes Leiden; also Schmerzen, Qualen und so weiter; das Leiden an der Vergänglichkeit; und das Leiden unter der alldurchdringenden Wirkung der Abhängigen Entstehung] ihn im Kreislauf der Existenzen quälen und verfolgen, wird sich von diesem [Zustand des Leidens] abwenden und zu einer Lebenseinstellung finden, die die Befreiung aus dem Kreislauf der Existenzen erstrebt. Sobald sich eine authentische Bewußtheit, die nach Befreiung strebt, entwickelt, ist damit der *Pfad der Ansammlung (tshogs lam, sambhāramārga)* eines Hörers erreicht.

Der Pfad der Ansammlung eines Hörers erstreckt sich über drei Phasen: kleine, mittlere und große Ansammlung. Während dieser Phasen praktiziert man eine Reihe verschiedener Übungen: die Meditation über die Abscheulichkeit [des Samsaras] *(mi sdug pa, aśubhā)*; die Meditative Gleichgewichtfindung der Achtsamkeit auf Einatmung und Ausatmung; die Festigung der Achtsamkeit *(dran pa nyer gzhag, smṛtyupasthāna)*, die gründliche Abkehr *(yang dag spong ba, samyakprahāṇa)*; die Stützen der Emanation *(rdzu 'phrul gyi rkang ba, ṛddhipāda)* und so weiter.[41] Diese Übungen haben die Kraft, falsche Vorstellungen zu beseitigen. Sie bewirken also, daß man nicht mehr für rein, angenehm, beständig und selbstwesenhaft hält, was eigentlich nur Leiden ist. Und sie können unreine Gefühle wie Gier und Haß überwinden. Sie führen also dazu, daß man nicht mehr um Reichtum, nicht mehr um die verschwenderische Fülle von Mitteln in den Grenzen des Kreislaufs der Existenzen kämpft, sondern statt dessen mit all jenen guten Eigenschaften ausgestattet ist, die in dem

Streben nach der Reinheit der Befreiung, den fünf Arten übersinnlicher Wahrnehmung und der Fähigkeit bestehen, sich nach eigenem Gutdünken verschiedener Emanationen und so weiter zu bedienen.

Ist dies getan und erreicht, schließt sich der Pfad der Vorbereitung *(sbyor lam, prayogamārga)* an. Auf diesem Pfad besitzt man nicht nur alle Eigenschaften und Qualitäten des Pfades der Ansammlung in noch größerem Ausmaß, sondern erreicht auch schrittweise besonderes Wissen. Es erwächst allmählich aus der Meditation, die die Soheit *(de kho na nyid, tathatā)* der Vier Edlen Wahrheiten betrachtet, wie sie sich auf den vier Stufen jenes Pfades – Hitze *(drod, uṣmagata)*, Gipfel *(rtse mo, mūrdhan)*, Selbstkontrolle *(bzod pa, kṣānti)* und höchste weltliche Eigenschaften *('jig rten pa'i chos kyi mchog, lāukikāgryadharma)* – entfalten. Dadurch treten die Sinnprinzipien der Aspekte samsarischer Existenz – Unbeständigkeit, Leiden, Leerheit, Selbst-Losigkeit und so weiter – besonders deutlich in Erscheinung. Man gewinnt die fünf Fähigkeiten und die fünf Kräfte.[42] Es ist also eine Stufe [der Entwicklung] erreicht, die unvorstellbare Eigenschaften und Qualitäten mit sich bringt.

Wer sich schließlich noch über [die vierte Stufe des Pfades der Vorbereitung, also noch über] die höchsten weltlichen Eigenschaften hinaus zum *Pfad des Sehens (mthong lam, darśanamārga)* emporschwingt, wird unmittelbar jene Soheit erschauen, die in den sechzehn Aspekten der Vier Edlen Wahrheiten enthalten ist.[43] Dieses unmittelbare Sehen wiederum löst die Samen aller hundertzwölf Übel der Drei Bereiche [Begierde-, Formhafter und Formloser Bereich] auf, so daß sie nun endgültig abgeschüttelt und aufgegeben worden sind. Wer solches verwirklicht hat, ist automatisch im Besitz der Eigenschaften eines Höheren *('phags pa, āryan)* und damit die höchste Zierde der spirituellen Gemeinschaft, ein Juwel der Drei Juwelen [von Buddha, seiner Lehre und der Gemeinschaft der Praktizierenden].

Ist der Pfad des Sehens erreicht, meditiert man ausgiebig über die bereits unmittelbar erkannte Soheit, um mit Hilfe des Achtfachen Pfades der Höheren die Samen aller *anlagenhaft übernommenen* Übel zu vernichten. Der Edle Achtfache Pfad ist der Pfad zur endgültigen Befreiung; er hat acht Glieder:

1 Vollkommene Sichtweise *(yang dag pa'i lta ba, samyagdṛṣṭi)*
2 Vollkommener Entschluß *(yang dag pa'i rtog pa, samyaksaṃkalpa)*
3 Vollkommene Rede *(yang dag pa'i ngag, samyagvāk)*
4 Vollkommenes Handeln *(yang dag pa'i las kyi mtha', samyakkarmānta)*
5 Vollkommener Lebenserwerb *(yang dag pa'i tsho ba, samyagājīva)*
6 Vollkommene Anstrengung *(yang dag pa'i rtsol ba, samyagvyāyāma)*
7 Vollkommene Achtsamkeit *(yang dag pa'i dran pa, samyaksmṛti)*
8 Vollkommene Meditative Gleichgewichtfindung *(yang dag pa'i ting nge 'dzin, samyaksamādhi)*.

Was bedeuten die einzelnen Pfadglieder, und was ist ihre Funktion? – Unter *Vollkommener Sichtweise* verstehen wir eine Art des Sehens, die eine positive Sicht offenlegt, indem sie auf meditativem Gleichgewicht aufbaut. Diese positive Sicht erkennt, daß Meditatives Gleichgewicht die Vier Edlen Wahrheiten wirklich erfahrbar macht. *Vollkommener Entschluß* bedeutet, den tiefen Sinn [der Vier Edlen Wahrheiten] aufzuzeigen und mit Hilfe von Beweisführungen zu erklären. Er besagt ferner, daß wir für uns selbst Klarheit darüber gewinnen und andere darüber belehren, auf welche Weise [die Vier Edlen Wahrheiten] und die Lehrmeinungen der Sutras miteinander verknüpft sind.

Da das Wesen der Wirklichkeit von dualistischen Verzweigungen frei ist, können Worte es nur auf konventionelle Weise darstellen. *Vollkommene Rede* bedeutet deswegen die Fähigkeit, in anderen Vertrauen in die Reinheit der Sichtweise [der Vier Edlen Wahrheiten] zu wecken, indem man sie darlegt, diskutiert und ausführlich beschreibt. Diese Rede ist vollkommen rein, frei von aller Falschheit und dergleichen. *Vollkom-*

menes Handeln bedeutet wirkliche Verkörperung. Damit ist ein Verhalten gemeint, das mit der Lehre restlos übereinstimmt und damit auch auf andere überzeugend wirkt, weil sie daran erkennen können, daß eine Sittlichkeit, die mit der Lehre in Einklang steht, rein ist. *Vollkommener Lebenserwerb* hat eine ähnliche Wirkung wie vollkommenes Handeln: man findet sein Auskommen nicht durch schlechte Taten, nicht durch Heuchelei, nicht durch betrügerische Reden und so weiter. Damit zeigt man den anderen, daß ein Lebenserwerb, [der mit der Lehre übereinstimmt], auch gleichzeitig rein ist.

Vollkommene Anstrengung ist ein Gegenmittel gegen die Übel, die es über den Pfad der Meditation aufzugeben gilt. Sie bedeutet, daß wir immer wieder über den Sinn der Wirklichkeit meditieren, die wir bereits erkannt haben. *Vollkommene Achtsamkeit* ist ein Gegenmittel gegen die sekundäre Plage der Vergeßlichkeit. Sie kommt zum Tragen, sobald wir bei den Objekten unserer Betrachtung und im Erleben des Ruhigen Verweilens und des Besonderen Klarblicks bleiben, die die subjektiven Aspekte [des Weges repräsentieren]. *Vollkommene Meditative Gleichgewichtfindung* ist erstens ein Gegenmittel gegen alle Hindernisse auf dem Pfad und hilft zweitens, die Qualitäten des Pfades immer höher und höher zu entwickeln. Sie kann dies erreichen, weil sie von Schwächen wie Laschheit, Aufgeregtheit und so weiter vollkommen frei ist.

Die acht Glieder des Pfades lassen sich zu vier Gruppen zusammenfassen:

1 Vollkommene Sichtweise führt zu richtiger Unterscheidung.
2 Vollkommener Entschluß führt zu wirklichem Verstehen.
3 Vollkommene Rede, Vollkommenes Handeln und Vollkommener Lebenserwerb sind die Pfad-Glieder, die andere im Glauben [an das Dharma] bestärken.
4 Vollkommene Anstrengung, Vollkommene Achtsamkeit und Vollkommene Meditative Gleichgewichtfindung sind Gegenmittel, die Hindernisse aus dem Weg räumen.

Arya Maitreya sagt in seiner *Unterscheidung zwischen der Mitte und den Extremen* IV 10:[44]

> Einer führt zur Unterscheidung, ein
> Anderer zu [tieferem] Verstehen;
> Drei Aspekte wecken in anderen den Glauben
> Und [drei] sind Gegenmittel gegen [alles],
> Was unheilsam ist.
> Dies sind die acht Glieder des Pfades.

Indem man auf diese Weise über die Bedeutung der Soheit meditiert, die [durch den Pfad des Sehens bereits direkt] vergegenwärtigt wurde, erschafft man ein wirksames Gegenmittel gegen die großen Übel, die es auf dem Pfad der Meditation aufzugeben gilt, und betritt an diesem Punkt [der Entwicklung] den *Pfad der Meditation (sgom lam, bhāvanāmārga).*

Zwei Wege gibt es, jene Übel aufzugeben, die es aufzugeben gilt: den allmählich fortschreitenden und den simultanen Weg. Wer dem allmählich fortschreitenden Weg folgt, entwirft nach und nach eine Reihe von Gegenmitteln gegen die einundachtzig Geistesverfassungen, die es aufzugeben gilt. Zu diesem Zweck folgt er dem Pfad der Meditation und beginnt, was die Gegenmittel angeht, bei den kleinen, und was die Übel angeht, bei den großen. Viele Geistesverfassungen müssen aufgegeben werden und sind in diesem Sinne Objekte des Verzichts. Sie reichen von den neun Zyklen von Übeln des Begierde-Bereichs [vergl. S. 83] bis zu den neun Zyklen von Übeln des Gipfels des Existenzkreislaufs am oberen Ende. Die Übel des Begierde-Bereiches lösen sich durch weltliche Meditation, die subtileren Übel durch den höheren *Pfad der Meditation* auf. Am Ende der allmählichen Entfaltung der einundachtzig Gegenmittel öffnet sich der Pfad der Befreiung, und zwar dadurch, daß die diamantgleiche Meditative Gleichgewichtfindung des Pfades der Meditation zu wirken beginnt. An diesem Punkt ist der *Pfad des Nicht-mehr-Lernens (mi slob lam, aśaikṣamārga)* erreicht. Wer immer den beschriebenen

Weg bis hierhin gegangen ist, hat den Status eines Hörer-Feindvernichters gewonnen.

Auf simultanem Weg werden die Übel aufgegeben, indem man die sehr großen Übel der Drei Bereiche und neun Ebenen gleichzeitig aufgibt, und in der gleichen Weise mit den mittelgroßen und so weiter bis zu den sehr kleinen Übeln verfährt. Auch auf diesem Weg gewinnt man schließlich den Status eines Hörer-Feindvernichters.[45]

Die Pfade des Kleinen Fahrzeugs der Einsamen Verwirklicher

In Chandrakīrtis *Siebzig Strophen über die Dreifache Zuflucht* heißt es:

> Wer sich nur um eine Weisheit bemüht, die
> Aus ihm selbst entspringt, wer also
> Die Erleuchtung eines Einsamen Verwirklichers erstrebt,
> Wird auch nur die Erleuchtung eines
> Einsamen Verwirklichers erlangen.

Abgesehen von Unterschieden in der Art von ihnen angestrebten Erleuchtung und der Frage, ob über viele Weltzeitalter Verdienste angesammelt wurden oder nicht, gleichen die fünf Pfade der Einsamen Verwirklicher mehr oder weniger denen der Hörer.

Die Pfade des Großen Fahrzeugs

Das Große Fahrzeug hat zwei Unterabteilungen: das Vollendungs-Fahrzeug *(pha rol tu phyin pa'i theg pa, pāramitāyāna)* und das Fahrzeug des Geheimen Mantras, im allgemeinen kurz Diamant-Fahrzeug genannt *(gsang snags rdo rje theg pa, gūhyamantravajrayāna)*. Das Vollendungs-Fahrzeug besitzt wie das Kleine Fahrzeug ebenfalls die Fünf Pfade, beginnend mit der Ansammlung und so weiter. Allerdings haben die fünf Pfade hier eine andere Bedeutung.

Der *Pfad der Ansammlung* im Großen Fahrzeug: Wer den echten und tiefen Wunsch hegt, Buddhaschaft zu erlangen, wer sich bei diesem Wunsch von Liebe und Mitgefühl leiten läßt, und es sich damit zur Aufgabe macht, allen Wesen, die vom Leiden geknechtet und vom Glück verlassen sind, Hilfe zu gewähren und Glück zu schenken, der hat damit den *Pfad der Ansammlung* des Großen Fahrzeugs aufgetan. Er wird dann Bodhisattva [Erleuchtungswesen], Kind des Siegers [Buddha] *(rgyal ba'i sras, jinaputra)* und Großes Wesen *(sems dpa' chen po, mahāsattva)* genannt und ist würdig, daß alle Götter und Menschen ihn verehren.

Bodhisattvas gewinnen unermeßliche gute Eigenschaften, sobald nur dieser altruistische Wunsch nach Erleuchtung erweckt wurde: Sie können eine große Zahl von Schandtaten und Vergehen bereinigen, sehr schnell Wellen vieler Sammlungen [von Verdiensten] zusammenziehen und so weiter. Ist der Große Pfad der Ansammlung einmal erreicht, können die Bodhisattvas in Anlehnung auf eine tatsächliche Konzentration übersinnliche Fähigkeiten gewinnen. Dann haben sie zu allen Reinen Ländern der zehn Himmelsrichtungen Zugang, können zahlreiche Buddhas verehren und ihnen dienen. Da sie die Meditative Gleichgewichtfindung des »Strömens der Lehre« errungen haben, hören sie von jenen Buddhas unzählige Belehrungen über die unergründliche [Leerheit] und die unermeßliche [Wirkkraft und Dynamik des Mitfühlens] und setzen ihre Bedeutung in die Praxis um.

Schließlich gelingt den Bodhisattvas die Vereinigung von Ruhigem Verweilen und Besonderem Klarblick, indem sie vermittels eines Sinnprinzips [einem Erzeugungsbild] die Leerheit beobachten, die die Abwesenheit wahrer Existenz aller Erscheinungen ist. An diesem Punkt gehen sie zum *Pfad der Vorbereitung* über. [Wie im Kleinen Fahrzeug hat der Pfad der Vorbereitung auch] im Vollendungs-Fahrzeug vier Stufen oder Intensitätsgrade: Hitze, Gipfel, Selbstkontrolle und höchste weltliche Eigenschaften. Mit jeder dieser Ebenen wird die grobe dualistische Erscheinung wahrer Existenz immer subtiler und unfaßlicher, und deshalb kann sich das Sinnprinzip der Leerheit allmählich immer klarer zeigen – mit dem Ergebnis, daß die Vorstellung von der wahren Existenz wahrgenommener Objekte und wahrnehmender Subjekte immer schwächer wird.

Verschiedene Zeichen deuten an: wenn Bodhisattvas den Gipfel ihrer Hingabe und Bemühung erreichen:

1 Bodhisattvas sehen, daß alle Erscheinungen leer sind von inhärenter Existenz und darin den Träumen gleich. Dies erreichen sie, indem sie am Tage, in der Nacht, ja sogar im Traumzustand sich im unermeßlichen Weg von Weisheit und Methode üben.
2 Niemals fallen sie in die Motivation des Kleinen Fahrzeugs zurück [d. h. sie streben nie ausschließlich nach ihrer eigenen Befreiung].
3 Nichts wünschen sie mehr, als fühlenden Wesen die Lehre zu vermitteln.
4 Auf Grund ihrer inneren Wahrhaftigkeit haben ihre Worte die Kraft, Schaden und Verletzung (wie etwa eine Beschädigung durch die Einwirkung der vier Elemente, durch Krankheit, böse Geister und so weiter) abzuwehren.

Und natürlich haben Bodhisattvas mit Weitblick und Befähigung wunderbare, unaussprechliche Qualitäten, wenn sie auf dem Pfad der Vorbereitung so weit fortgeschritten sind, daß sie zum Beweis ihrer unausweichlich bevorstehenden Erleuchtung die Zeichen der Unumkehrbarkeit tragen.

Auf dem ununterbrochenen *Pfad des Sehens* nehmen die Bodhisattvas Leerheit unmittelbar wahr und lassen auf einen Schlag die hundertzwölf künstlichen Hemmnisse zurück, die zu den Drei Bereichen gehören und der Befreiung im Wege stehen. Darüber hinaus werden auf dem Pfad des Sehens auch die hundertacht künstlichen Hindernisse beseitigt, die Allwissenheit vereiteln.

Mit dem Erreichen dieses Pfades des Sehens werfen die Bodhisattvas die Leiden von Geburt, Alter, Krankheit und Tod von sich, die ja an die Herrschaft [verunreinigter] Taten und unreiner Gefühle gebunden sind. Da sie sich überdies der Meditativen Gleichgewichtfindung öffnen, die »glückselig mit allen Erscheinungen mitgeht«, gibt es für sie, egal auf was für gefährliche Umstände – Giftwaffen, Feuer und so weiter – sie treffen, nur noch Glückseligkeit. Das Leiden hat, was auch immer auftreten mag, endgültig aufgehört.

Mit Hilfe der Zehn Bodhisattva-Erden oder -Stufen, beginnend bei der ersten, die noch zum *Pfad der Meditation* gehört, und endend bei der zehnten, vermehren sich die Eigenschaften, in denen die widersprüchliche Klasse von Objekten des Verzichts zerstört worden ist – so müssen z. B. die Samen der sechzehn Übel und die 108 Hindernisse für die Allwissenheit auf dem Pfad der Meditation beseitigt werden. Die Zehn Bodhisattva-Erden sind:

1 die Freudige *(rab tu dga' ba, pramuditā)*
2 die Makellose *(dri ma med pa, vimalā)*
3 die Leuchtende *('od byed pa, prabhākarī)*
4 die Strahlende *('od 'phro ba, acriṣmatī)*
5 die schwer zu Bezwingende *(sbyang dka' ba, sudurjayā)*
6 die Manifeste *(mngon du gyur pa, abhimukhī)*
7 die Weitreichende *(ring du song ba, dūraṃgamā)*
8 die Unerschütterliche *(mi gyo ba, acalā)*
9 Reine Intelligenz *(legs pa'i blo gros, sādhumatī)*
10 Wolke des Dharma *(chos kyi sprin, charmameghā)*.[46]

Auf jeder dieser Erden oder Stufen sind die Bodhisattvas mit unvorstellbaren und unbeschreiblichen Eigenschaften gesegnet. Sie tragen die Merkmale vollständiger Läuterung und die Zeichen der Stufe, auf der sie sich gerade befinden. Sie verehren viele Hunderttausende von Abermillionen von Buddhas und dienen ihnen. Sie nehmen von ihnen unübertreffliche Belehrungen in sich auf und bringen unzählige Wesen mit Hilfe jener vier Methoden zur Reife, mit denen man Schüler um sich schart *(bsdu ba'i dngos po bzhi, catuḥsaṃgrahavastu)* [(1) Austeilen materieller Güter; (2) die Darlegung des Weges, der zu einem hohen Status im Kreislauf der Existenzen führt und die freundliche Unterweisung über die höchsten aller erreichbaren Ziele: Befreiung und Allwissenheit; (3) andere dazu anzuleiten, sich im Heilsamen zu schulen und zu üben, und (4) selbst zu tun, wozu man andere anhält].

Stufe um Stufe über die Zehn Erden fortschreitend, zerreißen die Bodhisattvas schließlich das Kontinuum der subtilen Hindernisse, die sie noch von Allwissenheit trennen, und erlangen die Buddhaschaft mit ihren grenzenlosen Qualitäten[47], und zwar infolge des ununterbrochenen Pfades am Ende des Kontinuums eines Wesens, das seine Hindernisse erst noch überwinden muß].

8. Eine kurze Darstellung des Vajrayanas – dem Großen Fahrzeug des Geheimen Mantras

Tripaṭakamālas *Leuchte der Drei (Art und) Weisen (tshul gsum gyi sgron ma, nayatrayapradīpa)* stellt fest:[48]

> Das Ziel ist zwar dasselbe, und trotzdem ist das
> Mantra-Fahrzeug überlegen:
> Weil es geeignet ist für alle, die nicht
> trübe sind und nicht dumm;
> Weil es viele hilfreiche Methoden lehrt;
> Weil es sich dadurch auszeichnet, daß es
> nicht mühselig ist und nicht schwer;
> Weil es für die Begabten bestimmt ist,
> die weitreichende Fähigkeiten besitzen.

Von den beiden Formen des Großen Fahrzeugs ist das Fahrzeug des Geheimen Mantras wahrhaft die überlegene. Es übertrifft das Vollendungs-Fahrzeug in jeder Hinsicht. Trotzdem unterscheiden sich diese beiden Fahrzeuge nicht im Hinblick auf ihr Ziel, nicht im Hinblick auf das Ergebnis, das sie ansteuern. Die Buddhaschaft des Diamant-Fahrzeugs und die Buddhaschaft des Vollendungs-Fahrzeugs sind sich völlig gleich. Sie stehen auf gleicher Stufe und haben die gleichen Qualitäten. Wenn man also zwischen diesen beiden Fahrzeugen Unterschiede macht, können sich die Unterschiede nur auf die Mittel beziehen, auf die Methoden und auf den jeweiligen Weg zur Buddhaschaft.

Was meinen wir damit? – Das Ergebnis des Weges sind die Körper eines Buddhas. Sie haben zwei Aspekte: Wahrheits-Körper *(chos sku, dharmakāya)* und Form-Körper *(gzugs sku, rūpakāya).* Gleichermaßen muß es individuelle ungleichartige Ursachen für diese [beiden Aspekte] geben. Vollendungs- und Mantra-Fahrzeug stimmen darin überein, daß jene Weisheit, die Leerheit vergegenwärtigt, zusammen mit dem altruistischen Streben nach Erleuchtung die Ursache ungleicher Art für den Wahrheits-Körper und die mitwirkende Bedingung für den Form-Körper ist. Das Fahrzeug des Geheimen Mantras besitzt darüber hinaus eine unermeßliche Methode [nämlich Gottheit-Yoga], die eine Ursache ungleicher Art für den Form-Körper ist. Dem Vollendungs-Fahrzeug fehlt diese Methode, [denn es lehrt kein Gottheit-Yoga]. Das Vollendungs-Fahrzeug verfügt nur über Methoden, die altruistisches Streben nach Erleuchtung hervorrufen, über die Sechs Vollkommenheiten und so weiter.

Aus diesem Grund ist das Vollendungs-Fahrzeug untauglich, in einem einzigen Leben zur Buddhaschaft zu führen. Es kann dies nur über viele Lebenszeiten leisten. Das Fahrzeug des Geheimen Mantras hingegen gibt einem begabten Menschen die Mittel in die Hand, in einem einzigen Leben, ja sogar nur in wenigen Jahren vollkommen erleuchtet zu werden. Das Fahrzeug des Geheimen Mantras ist also sehr viel schneller wirksam.

Was aber nun ist diese ungleichartige Ursache des Form-Körpers? Worin besteht diese besondere Eigenart des Diamant-Fahrzeugs? Es ist die unübertroffene Methode des Gottheit-Yogas, weil man dabei nämlich über einen Körper, ein Reines Land, die Hilfsquellen und Tätigkeiten meditiert, welche denen des Form-Körpers eines Buddhas, der das Ergebnis repräsentiert, erscheinungsmäßig gleichen. Das Vollendungs-Fahrzeug verfügt nicht über diese unschätzbare Methode.[49]

Unterabteilungen des Geheimen Mantras

Das Fahrzeug des Geheimen Mantras besteht aus vier Klassen von Tantras, die die unterschiedlichen Fähigkeiten der Schüler berücksichtigen. Im dreizehnten Kapitel des *Vajrapañjara-Tantras (rdo rje gur, vajrapañjara)* heißt es dazu:[50]

> Handlungs-Tantras sind für die weniger Begabten;
> Ausübungs-Tantras für alle, die diesen
> etwas überlegen sind.
> Yoga-Tantras sind für die Hochbegabten bestimmt,
> Die Höchsten Yoga Tantras für alle, die
> noch über diesen stehen.

Aber dies ist nur eine grobe erste Klassifizierung. Jede der vier Tantra-Klassen hat feinere Unterabteilungen, verfügt über viele verschiedene Attribute der Pfade, verschiedene Verzeichnisse, verschiedene Lehransätze, viele verschiedene Geschwindigkeitsstufen, was das Tempo des Fortschritts auf dem Pfad angeht, und so weiter. Die Details und Feinheiten der wichtigsten Punkte sollen jedoch nur im verborgenen weitergegeben werden, und zwar ausschließlich an Schüler, die bereits ein Mandala des Diamant-Fahrzeugs betreten haben, so daß ihr Geist bereits durch Kraftübertragung *(dbang bskur, abhiśekha)* gereinigt und gereift ist. Sie eignen sich nicht für eine Darstellung in aller Öffentlichkeit. Deswegen werde ich hier nicht auf Feinheiten eingehen.[51]

Der allgemeine Aufbau der Übungen des Geheimen Mantras

Am Anfang steht die Einweihung in das Mandala eines geeigneten Tantras durch einen Lehrer, der dafür qualifiziert ist. Empfangen kann eine solche Einweihung jedes Wesen, das die folgenden Voraussetzungen erfüllt hat: es muß erstens den Wunsch verspüren, den Kreislauf der Existenzen zu verlassen und zweitens die Erleuchtung in altruistischer Absicht erstreben. Sind diese beiden Voraussetzungen nicht gegeben, reicht es auch schon aus, wenn sie in einer früheren Zeit bereits einmal bis zu einem gewissen Grad erfüllt wurden. Nach der Einweihung hält sich der Schüler an die Versprechen und Gelübde, die der Boden sind, auf dem er steht. Auf der Basis seiner Gelübde stellt er (oder sie) sich dann mit eindeutiger Konzentration das Mandala einer Gottheit vor, das die Gruppe der Erscheinungen bildet. Über diese Übung wird der Form-Körper eines Buddhas erreicht.

Wer sich schließlich in Meditationstechniken übt, die die inneren Winde [oder Energien] *(rlung, prāṇa)*, Kanäle *(rtsa, nāḍī)*, Elemente *(khams, dhātu)* und so weiter zum Gegenstand haben, so daß der Geist zur Sphäre des Großen Siegels *(phyag rgya chen po, mahāmudrā)* des Klaren Lichts vorstößt, die frei ist von allen [dualistischen] Verästelungen, gewinnt mit der Versenkung in einen solchen Yoga den Weisheits-Wahrheits-Körper eines Buddhas.[52]

9. Die Vier Körper, die Eigenschaften und die Tätigkeiten der Buddhaschaft

Indem sie sich auf die oben beschriebenen Pfade von Sūtra und Tantra stützen, erlangen die Bodhisattvas die Vier Körper eines Buddhas: den Wesens-Körper *(ngo bo nyid sku, svabhāvikakāya)*, den Weisheits-Wahrheits-Körper *(ye shes chos sku, jñānadharmakāya)*, den Körper des Vollkommenen Genusses *(longs sku, saṃbhogakāya)* und den Hervorbringungs-Körper *(sprul sku, nirmāṇ akāya)*. Im *Schmuck der Klaren Erkenntnisse (mngon rtogs rgyan, abhisamayālaṃkāra*, I. 17) des Arya Maitreya heißt es:[53]

> Das Wesen, der Vollkommene Genuß,
> Wie auch die Hervorbringung,
> Die Wahrheit wie auch die Tätigkeiten
> Kommen als die vier Aspekte [von
> Buddha-Körpern] zum Ausdruck.

Wesens-Körper

Mit Hilfe der diamantgleichen Meditativen Gleichgewichtfindung am Abschluß des Kontinuums der Zehn Erden lassen die Bodhisattvas alle Hindernisse hinter sich, die der Allwissenheit im Wege stehen. Ist durch jenen ununterbrochenen Pfad der Pfad der Befreiung erreicht, erlangen sie den Wesens-Körper, der [definiert] ist als ein Zustand, in dem alle hinzugekommenen Befleckungen *(glo bur gyi dri ma, āgantukamala)* – nämlich die Hindernisse für Befreiung und Allwissenheit – aufgegeben wurden. Der Wesens-Körper ist damit ein Faktor makelloser Reinheit von allen hinzugekommenen Befleckungen.

Weiterhin ist an diesem Punkt die Leerheit der wahren Existenz des Geistes vollkommen transformiert. War sie vorher (d. h. während des gewöhnlichen Zustandes) noch als natürlich feststehende Übertragungslinie *(rang bzhin gnas rigs, prakṛtiṣṭhagotra)* angenommen, [die das Potential zur Buddhaschaft besitzt], hat sie sich nun in die Leerheit des allwissenden Geistes eines Buddhas verwandelt. Sie ist ein Faktor natürlicher Reinheit.

Ein mit den zwei Reinheiten (der Reinheit von allen hinzugekommenen Befleckungen und der natürlichen Reinheit) ausgestatteter Wahrheits-Körper ist der Wesens-Wahrheits-Körper. Auch wenn dieser [Wesens-Wahrheits-Körper] erst mit dem Erreichen der Buddhaschaft auftritt, ist er doch keineswegs vergänglich oder unbeständig. Es gibt keine Ursachen und Bedingungen, die ihn erzeugen könnten. Vielmehr ist er seinem Wesen nach absolut beständig; das heißt, er verwandelt sich nicht in etwas, das ihm wesensfremd ist.

Weisheits-Wahrheits-Körper

Die Erhabene Allwissende Weisheit, die Erkenntnisobjekte aller Art und Erscheinung unmittelbar wahrnimmt, so als hätte sie sie unmittelbar vor Augen, diese Weisheit ist ein Weisheits-Wahrheits-Körper. Unterteilt man sie begrifflich, erhält man einundzwanzig Arten nicht-verunreinigter Erhabener Weisheit. Sie beginnen mit den Siebenunddreißig Schwingen der Erleuchtung und enden mit dem Erhabenen Wissen aller Aspekte. Was damit gemeint ist, wird weiter unten aus der Erklärung der geistigen Eigenschaften eines Buddhas hervorgehen. Nur Buddhas sind in der Lage, den Wesens- und den Weisheits-Wahrheits-Körper unmittelbar wahrzunehmen.

Der Körper des Vollkommenen Genusses

Ein Körper Vollkommenen Genusses wird durch die Schulung in einem Reinen Land gewonnen, die im Rahmen der verschiedenen Pfade des Lernens geschieht. Er ist der Form-Körper, in welchem ein Bodhisattva an dem besonderen Ort des Reich Geschmückten Höchsten Reinen Landes *('og min stug pa bkod pa, akaniṣṭhaghanavyūha)* erstmals vollkommen erleuchtet wird. Er zeichnet sich durch fünf Gewißheiten aus, die die Grundlage für die Erzeugung eines Höchsten Hervorbringungs-Körpers sind. Diese fünf Gewißheiten sind:

1 Endgültige Bleibe: der Körper des Vollkommenen Genusses hält sich nur in einem Reich Geschmückten Höchsten Reinen Land auf.
2 Endgültiger Körper: er ist unverhüllt und mit allen zweiunddreißig Haupt- und achtzig Nebenmerkmalen geschmückt.
3 Eindeutiges Gefolge: er ist nur von Arya Bodhisattvas umgeben. Gewöhnliche Wesen, ebenso wie Hörer und Einsame Verwirklicher können ihm nicht begegnen.
4 Eindeutige Lehre: er lehrt ausschließlich die Lehren des Großen Fahrzeugs und legt niemals Lehren des Kleinen Fahrzeugs dar.
5 Eindeutige Zeit: ohne die Anzeichen von Geburt oder Tod zu zeigen, verweilt er, bis der Kreislauf der Existenzen leergeschöpft ist.

Weist ein Form-Körper alle fünf Gewißheiten auf, ist er damit ein Gegenstand im Wirkungskreis der Aryas des Großen Fahrzeugs, die die Wahrheit unmittelbar wahrgenommen haben. Deswegen heißt er Körper des Vollkommenen Genusses. [Nur die Aryas des Großen Fahrzeugs können sich seiner erfreuen und ihn benutzen.]

Hervorbringungs-Körper

Ein Hervorbringungs-Körper ist ein Form-Körper, dem auch Schüler begegnen können, die zu den gewöhnlichen Wesen gehören. Er besitzt nicht die Fünf Gewißheiten.

Es gibt drei Arten von Hervorbringungs-Körpern: Höchste Hervorbringungs-Körper; Hervorbringungs-Körper [in der Gestalt] von Künstlern; und Hervorbringungs-Körper von Geburt. Wenn ein Hervorbringungs-Körper aus einem Körper Vollkommenen Genusses hervorgeht, mit den Haupt- und Nebenmerkmalen ausgezeichnet ist und sich in verschiedenen Weltsystemen wie etwa in Jambudvīpa [diese Welt] mit Zwölf Taten um das Wohl seiner Schüler kümmert, dann ist er ein Höchster Hervorbringungs-Körper. Ein Beispiel dafür ist Buddha Shākyamuni, der Lehrer [dieses gegenwärtigen Weltzeitalters]. Seine Zwölf Taten sind:

1 Herabkunft aus dem Freudvollen Reinen Land *(dga 'ldan, tuṣita)* [in diese Welt].
2 Eintritt in den Mutterschoß.
3 Geburt im Hain von Lumbinī.
4 Erlernung der Künste und körperliche Ertüchtigung in der Jugend.
5 Übernahme der Verantwortung für sein Königreich und Genuß in den Frauengemächern.
6 Nach dem Gang zu den vier Toren der Stadt, wird er von dem Kreislauf der Existenzen abgeschreckt; infolge dieser Einstellung Verzicht auf ein weltliches Leben.
7 Sechs Jahre asketischer Übung und Kasteiung an den Ufern des Flusses Nairānjanā.
8 Wanderung zum Bodhi-Baum und Meditation darunter.
9 Sieg über die Dämonenscharen.
10 Vollkommene Erleuchtung am fünfzehnten Tag des vierten Monats.
11 Ingangsetzen des Rades der Lehre am vierten Tag des sechsten Monats.
12 Parinirvana in der Stadt Kushinagara.

Aus der Sicht gewöhnlicher Schüler hat Shākyamuni einige dieser Taten noch als Bodhisattva vollbracht und die übrigen dann, nachdem er ein Buddha geworden war. In Wirklichkeit sind jedoch alle Zwölf Taten eine Darbietung jener geschickten Methoden, mit deren Hilfe ein Buddha seine Schüler bändigt. Angefangen bei der Herabkunft aus dem Freudvollen Reinen Land sind sie allesamt die Taten eines Buddhas, [denn Shākyamuni hatte schon viele Weltzeitalter zuvor volle Erleuchtung erlangt].

Ein Hervorbringungs-Körper [in der Gestalt] eines Künstlers war zum Beispiel jener Lautenspieler, den der Lehrer Shākyamuni hervorbrachte, um Sunanda, den König der Gandharvas, zu unterwerfen.[54] Ein Beispiel für einen Hervorbringungs-Körper von Geburt ist der Devaputra Shvetaketu aus dem Freudvollen Reinen Land.[55]

Der Wesens-Körper und der Weisheits-Körper sind für Schüler unsichtbar. Die beiden Form-Körper (Körper des Vollkommenen Genusses und Hervorbringungs-Körper) dienen auf viele Arten und Weisen dem Wohl der Wanderer [im Kreislauf der Existenzen], indem sie den Schülern direkt und unverhüllt erscheinen.

Neben der vierfachen Aufteilung der Buddha-Körper, die wir hier vorgestellt haben, gibt es auch noch eine dreifache Aufteilung. Sie faßt den Wesens-Körper und den Weisheits-Wahrheits-Körper zu einem Körper zusammen und lehrt also: einen Wahrheits-Körper, einen Körper des Vollkommenen Genusses und einen Hervorbringungs-Körper.

Überdies lassen sich die Vier Buddha-Körper auch zu zwei Körpern zusammenfassen: Wahrheits-Körper und Form-Körper. Bei dieser Unterteilung sind der Körper des Vollkommenen Genusses und der Hervorbringungs-Körper zum Form-Körper zusammengezogen.

Es gibt viele verschiedene Ansätze, die Eigenschaften eines Buddhas zu klassifizieren, die die Wirkung der vier Buddha-Körper sind. Wir wollen sie unter vier Gesichtspunkten betrachten: Körper, Rede, Geist und Tätigkeiten.

Eigenschaften des Körpers

Die physischen Eigenschaften sind die zweiunddreißig Haupt- und achtzig Nebenmerkmale. Zu den zweiunddreißig Hauptmerkmalen eines Großen Wesens gehören zum Beispiel die goldenen Räder auf seinen Handflächen und Fußsohlen, die hell aufstrahlen wie ein Flachrelief. Zu den achtzig Nebenmerkmalen zählen zum Beispiel kupferrote Fingernägel und eine glatte Haut.[56]

Schon allein der Anblick eines dermaßen schönen, mit solchen Zeichen gesegneten Körpers kann besondere Anlagen und Samen der Befreiung pflanzen. Da die Haupt- und Nebenmerkmale im wesentlichen eine ganz andere Qualität haben als unsere verunreinigten Aggregate, nämlich von der Essenz allwissender Weisheit sind, nimmt jedes Haupt- und Nebenmerkmal eines Buddhas, ja sogar jedes Haar auf seinem Kopf, unmittelbar alle Erkenntnisobjekte wahr.

Buddhas führen fühlende Wesen auf den Wegen des Heils, indem sie für jeden Schüler gerade das Richtige tun, indem sie gleichzeitig in all den unzähligen Ländern der zehn Himmelsrichtungen die verschiedensten physischen Schöpfungen hervorbringen, die von der Art optischer Einbildungen sind. In einigen Ländern demonstrieren sie Geburt, in anderen Ländern setzen sie das Rad der Lehre in Gang, in wieder anderen veranschaulichen sie die Schulung in den Bodhisattvataten und in einigen die Transzendenz allen Leidens, das Parinirvana. In einer einzigen Pore ihres Körpers können die Buddhas alle Körper und alle Länder aller Buddhas der Drei Zeiten [Vergangenheit, Gegenwart und Zukunft] zeigen und auch alle Übungen des Weges für jene, die sich noch auf den Pfaden des Lernens befinden.

Von solcher Art sind die Eigenschaften ihres Körpers.

Eigenschaften der Rede

Angenehm und lieblich ist die Rede eines Buddhas, denn er pflanzt mit seinen Worten im Kontinuum anderer Wesen je nach ihren Anlagen und Interessen Samen der Tugend und des Heils. Er redet sanft, denn er erzeugt im Geist seiner

Zuhörer Glück; sie brauchen nicht mehr zu tun, als ihm zu lauschen. Er hat nur liebenswürdige Dinge zu sagen, weil er ausschließlich über heilsame Themen spricht wie etwa die Zwei Wahrheiten oder die Abhängige Entstehung. Seine Rede überzeugt, weil ihre Elemente wohldurchdacht sind. Dies sind aber nur einige der vierundsechzig Eigenschaften der wohlklingenden Rede[57], die allesamt auch nur im kleinsten Wort eines Buddhas enthalten sind.

Mag der So-Gegangene *(de bzhin gshegs pa, tathāgata)* auch nur ein einziges Wort äußern, so können doch alle Wanderer, die sich bei dieser Gelegenheit vor ihm versammelt haben, ob sie nun Götter sind, Nāgas, Menschen oder Tiere, dieses Wort verstehen, als sei es in ihrer eigenen Sprache gesprochen worden, und werden somit von allen Zweifeln befreit.

Von solcher Art sind die Eigenschaften der Rede eines Buddha.

Eigenschaften des Geistes

Was nun die Eigenschaften der Erhabenen Weisheit angeht, so gibt es einundzwanzig Arten nicht-verunreinigter Erhabener Weisheit. Neben den Arten, zu denen auch die Hörer und Einsamen Verwirklicher Zugang haben, gibt es unter den einzigartigen Eigenschaften eines Buddhas zehn Kräfte:

1 Kenntnis der Quellen und Nicht-Quellen.
2 Kenntnis der Taten und ihrer Früchte.
3 Kenntnis der Konzentrationen, meditativen Befreiungen und so weiter.
4 Kenntnis der überlegenen und nicht-überlegenen Fähigkeiten.
5 Kenntnis der unterschiedlichen Neigungen.
6 Kenntnis der Unterteilung der achtzehn Sinnesbereiche und so weiter.
7 Kenntnis der Pfade, die zu allen Formen zyklischer Existenz und einsamen Friedens führen.
8 Kenntnis früherer Leben.
9 Kenntnis von Tod, Zwischenzustand und Wiedergeburt.
10 Kenntnis der Verunreinigungen und ihrer Läuterungen.

Die vier Furchtlosigkeiten sind die Wahrheiten, [ist einmal Buddhaschaft erlangt], hinsichtlich derer es niemanden gibt, der sie fundiert bestreiten könnte:

1 Die Erklärung, daß, hinsichtlich ihres eigenen Heils, [Buddhas] die wunderbare Meisterschaft der Erkenntnis erlangt haben, alle Phänomene unmittelbar zu erkennen.
2 Die Erklärung, daß hinsichtlich ihres eigenen Heils, [Buddhas] die wunderbare Meisterschaft des Verzichts erlangt haben, was die Tilgung aller Hindernisse bedeutet.
3 Die Erklärung, daß, hinsichtlich des Heils anderer, Begierde und so weiter der Befreiung im Wege stehen.
4 Die Erklärung, daß, hinsichtlich des Heils anderer, die Erkenntnis des Status der Vier Wahrheiten der Pfad der Befreiung ist.

Zudem kommen [im Geist eines Buddhas] drei Verankerungen in der Achtsamkeit zur Wirkung. Sie bestehen in dem vollständigen Verzicht auf:

1 jegliches Haften [an dem Wunsch], ihr Gefolge möge ihnen respektvoll und hingegeben zuhören, wenn sie die Lehre darlegen.
2 jeglichen Zorn auf diejenigen, die ihnen den gebührenden Respekt verweigern.
3 jegliches Gemisch von Zuneigung und Abneigung jenen gegenüber, die ihnen mit gemischten Gefühlen, also teilweise mit Achtung und teilweise mit Mißachtung begegnen.

Weiterhin zeichnet sich der Geist eines Buddhas durch einen dreifachen Verzicht auf Rechtfertigung aus. Was heißt das? Die Buddhas kommen nicht auf den Gedanken [einen Fehler zu verbergen], wenn andere an ihren Drei Pforten [Körper, Rede und Geist] eine Verfehlung entdecken. Sie sagen sich dann nicht: »Oh, dies werde ich besser geheimhalten.«

Da ein Buddha in jedem Augenblick bedenkt, mit Körper und Rede zum Wohl der anderen zu wirken, ist er seinem Wesennach auch nicht vergeßlich oder unaufmerksam. Ein Buddha hat alle Samen, aus denen Hindernisse wachsen könnten, vollständig zerstört und gleichermaßen alle Hindernisse vernichtet, die der Allwissenheit im Weg stehen. Ein Buddha lebt in Großem Mitgefühl; das heißt, er denkt während aller sechs Abschnitte von Tag und Nacht nur daran, wie er den Wesen helfen und ihnen Glück schenken kann. Sein einziger Gedanke ist: »Wer ist [jetzt hier vor mir], damit ich ihn bändige und veredle?«

Die achtzehn einzigartigen Qualitäten eines Buddhas sind allein seine Domäne. Kein Hörer und kein Einsamer Verwirklicher haben darauf Zugriff. Diese achtzehn Qualitäten sind:

Sechs Qualitäten, die in seinem Verhalten zum Ausdruck kommen

1 Ein Buddha irrt sich nicht. Er hat keine Sorgen und keine Angst, nicht vor Räubern, nicht vor Tigern und dergleichen, sondern wandert unerschrocken durch Städte, Dörfer und unwirtliche Einsamkeiten.

2 Ein Buddha redet nicht unbedacht daher. Er erhebt kein Klagegeschrei, wie etwa in der Art, wenn einer sich verlaufen hat, und er lacht auch nicht unbeherrscht, wie etwa in der Art, wenn gewisse zwanghafte Neigungen einen dazu treiben.

3 Ein Buddha hat keine Gedächtnislücken. Er läßt nichts ungetan, nur weil er es vergessen haben würde, und er handelt auch niemals zu spät.

4 Der Geist eines Buddhas kippt niemals aus dem Meditativen Gleichgewicht, das in der Vergegenwärtigung der Bedeutung der Leerheit besteht, ganz gleich ob er sich in meditativer Versenkung befindet oder nicht.

5 Ein Buddha unterscheidet nicht willkürlich. Er geht nicht davon aus, daß der Kreislauf der Existenzen inhärent begründet ist als [ein Ort] des Unheils, und ebensowenig glaubt er, daß das Nirvana inhärent begründet ist als [ein Ort] des Friedens.

6 Ein Buddha ist niemals gleichgültig. Da er genau ermittelt, wann für jedes fühlende Wesen die beste Zeit gekommen

ist, es zu bändigen und zu veredeln, vernachlässigt er niemals das Wohl der Wesen.

Sechs Qualitäten, die in seiner Verwirklichung zum Ausdruck kommen

7 Ununterbrochen manifestiert sich in ihm das Bestreben nach Liebe, Mitgefühl und dem Wohl aller Wesen und so weiter.

8 Ununterbrochen bemüht er sich, indem er begeisterungsvoll zu Reinen Ländern wandert, die zahlreicher sind als die Sandkörner am Ufer des Ganges – und all dies nur, um einem einzigen fühlenden Wesen zu helfen.

9 Ununterbrochen ist er achtsam und vergißt also niemals die verschiedenartige geistige Konstitution aller fühlenden Wesen, wie er auch niemals die Methoden außer acht läßt, sie zu bändigen und zu veredeln.

10 Ununterbrochen verweilt er in der Meditativen Gleichgewichtsfindung, die in der Soheit aller Erscheinungen ruht.

11 Ununterbrochen handelt er aus der Kenntnis der Weisheit, wie er die 84 000 Bündel von Lehren auf angemessene Art als Gegenmittel gegen den mit Übeln behafteten Lebensstil der Schüler darlegen muß.

12 Ununterbrochen stützt er sich auf die Befreiung, die niemals degeneriert, denn er hat alle Hindernisse ein für alle Mal aufgegeben.

Drei Qualitäten, die in seinen Tätigkeiten zum Ausdruck kommen

13 Seine erhabenen physischen Tätigkeiten, als da sind: das Aussenden von Lichtstrahlen; die vier Arten der Körperhaltung [Gehen, Herumspazieren, Liegen und Sitzen] und so weiter.

14 Seine erhabenen Tätigkeiten der Rede; das heißt: zu lehren, was die fühlenden Wesen anspricht, weil es ihre Neigungen und Anlagen berücksichtigt.

15 Seine erhabenen Tätigkeiten des Geistes, die von großer Liebe und großem Mitgefühl erfüllt sind.

Die drei Qualitäten, die in seiner Weisheit zum Ausdruck kommen

16, 17, 18 Unverhüllte direkte Erkenntnis aller Erkenntnisobjekte von Vergangenheit, Gegenwart und Zukunft.

Ein Buddha verfügt über grenzenlose, unübertreffliche Qualitäten, gebietet über wunderbare und phantastische Fähigkeiten, wie die Erhabene Erkenntnis aller Aspekte *(rnam pa thams cad mkhyen pa, sarvākārajñāna)*, die alle Erscheinungen unmittelbar wahrnimmt, die in den Aggregaten, Sinnesbereichen und Elementen inbegriffen sind.

Sein Erbarmen geht so weit, daß es keine Situation gibt, in der er nicht vollkommenes Mitgefühl für alle leidgeprüften Wesen hervorbringt. Er kann dies leisten, weil er zuvor auf dem Pfad des Lernens immer und immer wieder das Große Mitgefühl zu vollständiger Reife gebracht hat. Jederzeit gibt es so unzählige fühlende Wesen, wie die Grenzen des Raumes fassen können, Wesen, die von verschiedenartigen Leiden gequält werden, aber es gibt keine Zeit, ja keinen Augenblick, in dem ein Buddha für diese Leiden unempfänglich wäre. Das Große Mitgefühl eines Buddhas ist ununterbrochen für die Wesen da. Auf der Grundlage dieses Mitgefühls wirkt ein Buddha ohne Unterlaß zum Wohle derer, die [im Kreislauf der Existenzen] umherwandern.

Eigenschaften der Tätigkeiten eines Buddhas

Buddha-Tätigkeit hat zwei Eigenschaften: sie ist spontan und sie ist beständig. Zuerst zur Spontaneität. Der Form-Körper eines Überweltlichen Siegers *(bcom ldan 'das, bhagavan)*, gesegnet mit den zweiunddreißig Haupt- und achtzig Nebenmerkmalen, äußert sich freudig in den vier Arten der Körperhaltung [Gehen, Herumspazieren, Liegen und Sitzen] und in der Entfaltung magischer Schauspiele, ohne daß die Vorstellung einer Anstrengung damit verbunden ist. Wer das Glück hat, solches zu sehen, in dem wird automatisch das altruistische Streben nach Erleuchtung geweckt. Er wird sich um die Sechs Vollkommenheiten und so weiter bemühen und auf diese Weise schließlich den Zustand immerwährender Glückseligkeit erreichen. Dies ist [die Wirkung] der physischen Spontaneität eines Buddhas.

Ein Buddha wird zwar niemals denken: »Ich werde jetzt dieses oder jenes lehren«, und doch wird er zahllose Tore der Lehre auftun, die stets den Anlagen der Schüler entsprechen. Solches ist [die Wirkung der] sprachlichen Spontaneität eines Buddhas.

Ein Sieger hat nur ein Motiv: großes Mitgefühl. Darüber hinaus verfolgt ein Buddha keine anderen Absichten. Vielmehr fällt der Regen der Lehre wie von selbst und führt die Wanderer in einen hohen Stand [im Kreislauf der Existenzen] und in die endgültige Tugend [der Befreiung und Allwissenheit] ein. Dies ist die [Wirkung der] geistigen Spontaneität eines Buddhas.

Gewöhnliche weltliche Wesen sind in keinem Fall in der Lage, etwas zu unternehmen oder zu tun, ohne sich dabei mit Körper, Rede und Geist anzustrengen. Von der achten Bodhisattva-Erde an aufwärts kommen dann jedoch alle groben Bemühungen zur Ruhe. Man will nicht mehr aus einem bestimmten Motiv heraus die Lehre darlegen oder aus einem bestimmten Motiv heraus irgend etwas anderes tun. Stattdessen entsteht das Wohl der anderen nun aus sich selbst. Trotzdem hat der Bodhisattva auch an diesem Punkt noch nicht alle subtilen begrifflichen Vorstellungen aufgegeben, die physisches und sprachliches Wirken motivieren.

Subtile Begrifflichkeit als Triebkraft zu körperlicher und sprachlicher Äußerung ist die subtile Sperre, die spontanes Wirken zum Wohle der anderen verhindert. Will man sie unter dem Gesichtspunkt der Behinderung von Allwissenheit bezeichnen, nennt man sie »nicht-verunreinigte Tat« der zwölf Glieder [der Kette des Abhängigen Entstehens]. Erst wenn diese Behinderung weggeräumt wurde, kann das Wohl der anderen sich spontan entfalten, ohne daß man etwas dafür tun müßte.

Was nun die oben angesprochene Beständigkeit der Erhabenen Taten eines Buddhas anbelangt, so müssen wir bedenken, daß ein werdender Buddha bei seiner Laufbahn durch die zehn Bodhisattva-Erden viele außergewöhnliche Qualitäten der zwei Sammlungen [von Verdienst und Weisheit] erzeugt, gefestigt und vermehrt hat. Die Beständigkeit des Wirkens eines Buddhas geht eben darauf zurück, daß seiner Buddhaschaft solche wunderbaren Ursachen vorausgehen.

Darüber hinaus berücksichtigt ein Mitfühlender [d. h. ein Buddha] stets die geeigneten Begleitumstände, die die hinzugekommenen Befleckungen – die Übel und die Neigungen, die zu den Übeln führen – beseitigen können. Das heißt, er zieht in Erwägung, unter welchen Umständen die Hindernisse beseitigt werden können, die die *eigentliche* Beschaffenheit der fühlenden Wesen – ihr Buddha-Wesen, das von keiner Verunreinigung beschmutzt ist – verdecken und behindern. Ein Buddha lehrt fortwährend alle möglichen Techniken und Methoden, die diese hinzugekommenen Befleckungen auflösen. Deshalb manifestieren sich die Erhabenen Taten eines Buddhas spontan und beständig.

Die vorausgegangenen Kapitel sind eine kurze Zusammenfassung der Lehren, die erhellend und klärend darstellen:

1 die *Grundlage;* das heißt: die Zwei Wahrheiten.
2 den *Pfad;* das heißt: die Laufbahn über die Pfade des Kleinen und des Großen Fahrzeugs, wie sie sich im Rahmen der Drei Schulungen entwickelt, die ihrerseits in den Drei Sammlungen von Schriften des Überwinders *(thub pa, mūni)* [Buddha Shākyamuni] vermittelt werden und in der Übung von Weisheit und Methode bestehen.
3 die *Frucht* oder *Erfüllung* der Vier Körper eines Buddhas und der Buddha-Taten.

Es ist weder eine ausführliche noch eine erschöpfende Darstellung, denn diese hätte sehr viel Platz und auch sehr viel mehr Zeit benötigt.

10. Der tibetische Buddhismus

Zum Abschluß wollen wir kurz die Lehrsysteme vorstellen, die die heilkräftigen und geachteten Traditionen des Weltenlehrers und Weltenüberwinders Shākyamuni in Tibet bewahren und weitergeben. Es gibt in den drei Provinzen Tibets keinen Ort, der nicht von der buddhistischen Lehre durchdrungen worden wäre; die Lehren verbreiteten sich wie die Strahlen der Sonne.

Die frühe Verbreitung des Buddhismus in Tibet

Da es zwischen den früheren und späteren Perioden der buddhistischen Entwicklung Tibets Unterschiede gibt, spricht man von einer »früheren« und einer »späteren Verbreitung der Lehre«. Songdzen Gambo *(srong btsan sgam po*, 569-650*)* war der zweiunddreißigste und zugleich der erste bedeutende religiöse König Tibets. Er trat seine Herrschaft an, als er gerade erst dreizehn Jahre alt war und ließ die Haupttempel von Lhasa und Traduk *(khra 'brug)* und zudem in den Regionen von Tadul *(mtha 'dul)*, Yangdul *(yang 'dul)* und Runön *(ru gnon)* viele weitere Tempel errichten. Ferner schickte er seinen Minister Tönmi Saṃbhoṭa *(ton mi saṃbhoṭa*, 632) nach Indien, damit dieser dort Grammatik und Schriftsysteme studierte. Auf der Grundlage der indischen Schriftsysteme entwickelte Tönmi Saṃbhoṭa daraufhin die tibetische Schrift und verfaßte überdies acht Werke über Grammatik.

Aber Songdzen Gambo tat noch mehr. Er lud aus Indien Meister Kumāra und den Brahmanen Shaṃkara und aus Nepal Meister Shīlamañju nach Tibet ein, wo diese viele Abschnitte aus buddhistischen Sutras und Tantras übersetzten und damit die ersten Zugangswege zur Lehre öffneten. Die [tantrischen]

Lehren waren damals nicht weit verbreitet. Es gab dafür weder die geeigneten Lehrer noch überhaupt ein Publikum. Deswegen ist es um so bemerkenswerter, daß der König persönlich vielen vom Glück begünstigten Menschen Unterweisungen über den Großen Mitfühlenden *(thugs rje chen po, mahākaruṇika)* [ein Beiname Avalokiteshvaras] gab.

Als der siebenunddreißigste König Trison Daydzen (*khri srong lde btsan,* 730(?)-797) den Thron bestieg, kümmerte er sich unermüdlich um die Verbreitung der Lehre. Zu diesem Zweck lud er aus Sahor in Bengalen den Abt Shāntarakşhita und zudem den großen tantrischen Meister Padmasambhava ein. Shāntarakşhita und Padmasambhava übersetzten gemeinsam mit vielen großen indischen Schriftgelehrten ihrer Zeit (den sogenannten 108 Pandits) wie etwa Vimalamitra, Shāntigarbha, Dharmakīrti, Buddhagyhya, Kamalashīla und Vibuddhasiddha und tibetischen Übersetzern wie Vairochana, Nyak *(gnyags)*, Jñānakumāram, Gawa Peldzek *(ska ba dpal brtsegs)*, Jokrolu Gyeldzen *(cog ro klu'i rgyal mtshan)* und Shang Yeshede *(zhang ye shes sde)* verschiedene Sutras und Tantras, die der Buddha im Rahmen von Lehrreden, Ordensregeln und Manifestem Wissen verkündet hatte, und übertrugen darüber hinaus eine Reihe von Abhandlungen, die die Aussagen und Grundgedanken dieser Schriften näher erläutern. Schließlich begründeten sie die Schulen, die eine authentische Exegese und Praxis gewährleisten konnten.

Der einundvierzigste König, Tri Relba Jen (*kri ral pa can,* 804-841) trug jeweils sieben Familien auf, für den Unterhalt eines Mönchs zu sorgen, und ließ überdies eintausend Tempel bauen. Bei einer Gelegenheit bat er je einen Vertreter der beiden Gruppen von Menschen, die Opfer in Empfang nehmen dürfen [d. h. tantrische Yogis und ordinierte Mönche und Nonnen] auf dem Ende von zwei Seidenbändern zu stehen, die in sein Haar geflochten waren, huldigte ihnen und brachte ihnen Opfer dar. So grenzenlos war seine Verehrung für die kostbare Lehre des Siegers. Er lud viele führende indische Gelehrte nach Tibet ein, zum Beispiel die Acharyas Jinamitra, Surendrabodhi, Shīlendrabodhi und Dānashīla. Gemeinsam mit herausragenden tibetischen Schriftkundigen wie Ratnarakṣhita und Dharmatāshīla und Übersetzern wie Jñanasena und Jayarakṣhita bekamen sie vom König den Auftrag, frühere Übersetzungen zu überarbeiten. Sie sollten eine allgemein gültige Terminologie entwerfen, die es für die buddhistischen Schriften im Tibetischen bis dahin noch nicht gab, und alle Textpassagen klären, die in früheren Übersetzungen unverständlich geblieben waren, eben weil es noch keine solche Terminologie gegeben hatte. Der König bestimmte, daß diese Revision sowohl mit den Schriften des Kleinen als auch mit denen des Großen Fahrzeugs geschehen sollte. Also verbesserten sie die Übersetzung des *Sutras der Vollkommenen Weisheit in 100 000 Versen,* das sie in sechzehn Bänden edierten, und fertigten mit Hilfe der neuen verbindlichen Terminologie definitive Übersetzungen von fast allen Schriften an, die bereits zu einem früheren Zeitpunkt zum erstenmal übertragen worden waren. Diese immer umfassendere Verbreitung der kostbaren buddhistischen Lehre im ganzen Schneeland von Tibet ist als die frühe Verbreitung der Lehre bekannt.

Die spätere Verbreitung des Buddhismus in Tibet

L̄ang-dad-ma (*glang dar ma,* gest. 842), der zweiundvierzigste König unterdrückte und bekämpfte die buddhistische Lehre. Während seiner kurzen Herrschaft entkamen drei Mönche aus der Übertragungslinie Shāntarakṣhitas in die östliche Provinz Amdo, und zwar waren dies Mar Shākya *(dmar shākya),* Yoge Jung *(gyo dge 'byung)* und Dzang Rapsel *(gtsang rab gsal).* Dort übertrugen sie dem großen Lama Gongba Rapsel *(bla chen dgongs pa rab gsal)* die volle Ordination, und von da an nahm die Zahl der Ordinierten in Tibet allmählich zu.

Zusätzlich ließen sich die Pandits Dharmapāla und Sādhupāla aus den östlichen Provinzen Indiens in Ober-Ngari *(mnga' ris)* nieder, während aus Kashmir Shākyashrī nach Tibet kam. Durch ihre Übertragungslinien wuchs die Zahl der Ordinierten beträchtlich. Damit war der Grundstein gelegt, und es kamen schließlich immer mehr Pandits und tantrische Meister nach Tibet. Darüber hinaus nahmen Scharen von tibetischen Übersetzern die beschwerliche Reise nach Indien und Nepal in Kauf, wo sie zu Füßen großer Gelehrter und Meister reiche Opfergaben niederlegten und von ihnen Belehrungen über die Sutras und Tantras empfingen. Sie übersetzten diese Lehren in die tibetische Sprache und verbreiteten sie in ihrer Heimat. Viele Gelehrte und tantrische Meister folgten ihnen in ihren Übertragungslinien nach und stellten die Lehre des Überwinders wieder her. Diese Zeit nun, in der sich die Lehre über ganz Tibet verbreitete und wie die Sonne am Himmel auf das Land herabschien, bezeichnet man als die spätere Verbreitung der Lehre.[58]

Die Schulen des tibetischen Buddhismus

In Tibet entwickelte sich eine Reihe namentlich verschiedener Schulen von buddhistischen Lehrsystemen. Die Alte Übersetzungsschule der Nyingmaba *(rnying ma pa)* zum Beispiel verdankt ihrer historischen Stellung ihren Namen. [Sie ist die älteste buddhistische Schule Tibets]. Die Sagyaba *(sa skya pa)*, Daklungba *(stag lung pa)*, Drigungba *('bri gung pa)*, Drukba *('brug pa)* und Gedenba *(dge ldan pa)* [oder Gelukba] hingegen verdanken ihren Namen dem Ort ihrer Entstehung. Die Karma Gagyu *(karma bka' brgyud)* und Bulukba *(bu lugs pa)* sind nach ihrem Meister benannt; die Karma Gagyu nach den Karmapas und die Bulkukbas nach Budön Rinchen Drup *(bu ston rin chen grub)*. Die Gadamba *(bka' gdams pa)*, Dzokchenba *(rdzogs chen pa)*, Chakchenba *(phyag chen pa)* und Shijayba *(zhi byed pa)* dagegen führen den Namen des Lehrsystems, das sie vertreten.[59]

Diese verschiedenen Schulen von Lehrmeinungen gehören allesamt entweder zur Alten *(rnying ma)* oder zur Neuen *(gsar ma)* Übersetzungsschule.

Worin unterscheiden sich nun diese Alte und Neue Übersetzungsschule? – In Tibet sind die Lehren des Großen Fahrzeugs verbreitet. Sie gehören entweder zur Abteilung der Sutras oder zur Abteilung der Tantras. Die Unterscheidung zwischen einer Alten und einer Neuen Übersetzungsschule bezieht sich in erster Linie auf die Verbreitung der Lehren des Geheimen Mantras [des Großen Fahrzeugs] und weniger auf diejenige der Sutra-Klasse. Alle Übersetzungen tantrischer Schriften, die während der oben beschriebenen ersten Verbreitung der Lehre bis einschließlich der Ankunft von Pandit Smṛti angefertigt wurden, gehören ausnahmslos zur Alten Übersetzungsschule. Die Nyingmaba *(rnying ma pa)* sind die Anhänger und Vertreter dieser Schule. Sie geben das entsprechende Übungssystem mit seinen Erklärungen weiter.

Die Neue Übersetzungsschule des Geheimen Mantras beginnt mit Rinchen Sangbo (*rin chen bzang po,* 958-1055); dazu zählen alle Übersetzungen, die nach dem Beginn seiner Tätigkeit im Jahre 978 westlicher Zeitrechnung angefertigt wurden, zuerst von ihm selbst und später von anderen Übersetzern wie Drokmi (*'brog mi,* 992-1074), Danak Gö *(rta nag 'gos)* und Marba aus Lhodrak (*lho brag mar pa,* 1012-1096). Sie alle übersetzten viele tantrische Schriften ins Tibetische und verbreiteten die Lehre des Neuen Geheimen Mantras.

Die vier Hauptorden Tibets

Die vier Hauptschulen des tibetischen Buddhismus sind die Alte Übersetzungsschule der N̄ying-ma-ḇa (Rnying ma ba) und die Neuen Übersetzungsschulen der Gagyuba *(bka' brgyudpa)*, Sagyaba *(sa skya pa)* und Gelukba *(dge lugspa)*. Diese Schulen sind weitverbreitet und haben eine beherrschende Stellung.

N̄ying-ma: Padmasambhava, der große tantrische Meister aus Odiyan[60] kam im Jahre 810 westlicher Zeitrechnung nach Tibet. Im Tempel von Samyay *(bsam yas mchims phu)* übersetzte er viele Tantras und Methoden der Vollendung *(sgrub thabs, sādhana)*, so zum Beispiel die acht großen Gruppen von Vollendungen. Für seine vom Glück begünstigten Schüler einschließlich des Königs Trisong Daydzen und fünfundzwanzig Minister setzte er das Rad der Lehren des Großen Geheimen Diamant-Fahrzeugs in Gang. Die Nyingma-Schule, das heißt die Alte Übersetzungsschule des Geheimen Mantras, entstand aus der Weitergabe und Entwicklung dieser Lehren.

Gagyu: 1012 westlicher Zeitrechnung ist das Geburtsjahr von Mardön Chögyi Lodrö *(mar ston chos kyi blo gros)*, kurz Marba.[61] Marba unternahm insgesamt drei lange Reisen nach Indien, in deren Verlauf er vielen Gurus wie Pandit Nāropa[62] und Pandit Maitripāda begegnete. Später übersetzte und kommentierte er viele maßgebende Schriften, die er seinem Hauptschüler Milareba[63] *(mi la ras pa,* 1040-1123) und dem unvergleichlichen Dakbo Lhaje (*dak po lha rje,* 1079-1153) [ebenso bekannt als Gam-bo-ba (*sgam po pa)*] und anderen übertrug. Die resultierende Übertragungslinie ist die Gagyu-Schule. Sie besteht aus vier Haupt- und acht Nebenlinien. Die Hauptlinien sind die Gam Tsangba *(kam tsang pa)*, Drikungba *('bri khung pa)*, Daklungba *(stag lung pa)* und Drukba *('brug pa)*.

Sagya: 1304 westlicher Zeitrechnung ist das Geburtsjahr von Gönjok Gyelbo *(dkon cog rgyal po)* aus dem Stamme der Kön ('khon). Von Drokmi (*'brog mi,* 992-1074), dem Übersetzer, hörte er die Lehren der Pfade und ihrer Früchte *(lam 'bras)*, die auf den ruhmreichen Dharmapāla *(chos skyong)*, Abt von Nālanda (als Adept des tantrischen Pfades später unter dem Namen Virūpa bekannt), und auf den großen Pandit Gayadhara zurückgehen. Die Übertragungslinie, die mit den Fünf Großen Früheren Meistern *(sa chen gong ma rnam lnga)* [Sachen Gunga Nyingbo (*sa chen kun dga' snying po,* 1092-1158), Sönam Dzaymo (*bsod nams rtse mo,* 1142-1182), Drakba Gyeltsen (*grags pa rgyal mtshan,* gest. 1216) Sagya Pandita Gunga Gyeltsen Bel Sangbo *(saskya paṇḍiṭa kun dga' rgyal mtshan dpal bzang po,* 1182-1251) und Chögyel Pakba (*chos rgyal 'phags pa,* 1235-1280)] beginnt, ist unter dem Namen Sagyaba-Schule bekannt.

Gelukba: Dīpaṃkara Shrījñāna [Atīsha, 982-1054][64], der große Gelehrte der buddhistischen Klosteruniversität von Vikramashīla, kam 1039 in Tibet an. Dort setzte er sich sehr für die Verbreitung der tiefen Lehren von Sutra und Tantra ein. Die Übertragungslinie von Kudön *(khu ston)*, von dem Übersetzer Ngok Loden Sherab *(rngog lo tstsha ba blo lden shes rab,* 1059-1109) und Dromdönba (*'brom ston pa,* 1005-1064), ist als die sogenannte Gadamba-Schule bekannt. 1357 schließlich wurde der große Dzong Kaba *(tsong kha pa)*[65] geboren, der in der Übertragungslinie der Gadambas stand. Er hörte, überdachte und kontemplierte die Worte des Überweltlichen Siegers zu allen Themen und studierte alle in tibetischer Übersetzung verfügbaren Abhandlungen, die die Gedanken der Buddha-Worte kommentieren. Diese intensive Beschäftigung beseitigte [in seinem eigenen Geist] alle falschen Vorstellungen [bezüglich ihrer Bedeutung]. Dzong Kaba war infolgedessen in der Lage, ein einwandfreies und unverfälschtes System der Unterweisung zu erstellen, das den tiefen Sinn der Schriften korrekt vermittelt. Durch seine Schüler Gyel Tsap (*rgyal tshab,* 1364-1432) und Kaydrup (*mkhas grub,* 1358-1438) und so fort setzte sich die Übertragungslinie fort, die allgemein als die Gedenba- *(dge ldan pa)* oder Gelukba-Schule *(dge lugs pa)* bekannt ist.

Es ist eine weit verbreitete Ansicht, daß sich die buddhistischen Schulen Tibets (d. h. die Nyingma-, Gagyu- Sagyaba- und Gelukba-Schule) weitgehend voneinander unterscheiden, daß sie andere Grundlagen, andere Pfade und andere Früchte haben und deswegen so wenig miteinander gemein haben wie etwa buddhistische und nicht-buddhistische Denksysteme. Aber dies ist überhaupt nicht der Fall.

Wir wollen am Beispiel verschiedener Flugzeugtypen erklären, was wir meinen: Ganz gleich, wie viele Flugzeugtypen es auch geben mag, wie sehr sie sich auf Grund ihrer Größe, Form und Farbe unterscheiden und auch etwas hinsichtlich ihrer inneren Maschinerie, weil Konstrukteure und Ingenieure sie mit unterschiedlichem Geschick und auf der Basis jeweils anderer Erfahrungen gebaut haben, so ist ihnen doch allen gemeinsam, daß sie in Abhängigkeit von Luftwiderstand und Motorleistung durch den Himmel fliegen. Und dies trifft analog auch auf die Unterschiede zwischen den Schulen des tibetischen Buddhismus zu. Alle diese Unterschiede sind nur kleine Variationen erstens im Ansatz der Geschickten Methoden bei der Führung von Schülern, zweitens in der Terminologie und drittens in der Erfahrung der großen Gelehrten und tantrischen Meister, die die Gründer der Schulen waren.

Abgesehen von solchen kleinen Unterschieden sind diese religiösen Systeme eigentlich ein und dasselbe System, denn sie streben alle dasselbe Ziel an: Buddhaschaft. Darüber hinaus gleichen sie sich auch hinsichtlich ihrer Übungswege, die das Mittel zur Vollendung der Buddhaschaft sind: sie alle lehren eine Einheit von Sutra und Mantra; sie alle betonen die Untrennbarkeit der Drei Besonderen Schulungen; und schließlich vertreten sie alle eine Sichtweise, die im Rahmen jener Vier Siegel bleibt, welche ein Lehrsystem als buddhistisch ausweisen:

1 Alles Erschaffene ist unbeständig.
2 Alle verunreinigten Dinge sind leidhaft.
3 Alle Erscheinungen sind leer und selbst-los.
4 Nirvana ist Friede.

So laufen sie am Ende denn auf dasselbe hinaus.

Ferner hört man die tibetische Religion häufig als sogenannten »Lamaismus« bezeichnet, als sei sie etwas Besonderes und stammte nicht vom Buddha ab. Auch dies ist ein Irrtum. Buddha Shākyamuni ist der ursprüngliche Autor der Sutras und Tantras, die die Quelle aller Schulen des tibetischen Buddhismus sind. Die weiteren Vermittler sind dann die indischen Gelehrten und Kommentatoren. Sie haben die Bedeutung der Sutras und Tantras mit Hilfe einer durch die Drei Analysen geläuterten Logik[66] erklärt und näher bestimmt. Die großen indischen Yogis wiederum steuerten ihre tiefen Unterweisungen bei, nachdem sie durch die praktische Anwendung und Umsetzung jener Lehren zur Verwirklichung gelangt waren. Und schließlich haben die Bodhisattva-Könige und die Minister des Schneelands Tibet und die frühen gütigen Übersetzer große Beschwernisse auf sich genommen, ihr Leben und ihre Gesundheit – von Besitz und materiellen Gütern ganz zu schweigen – aufs Spiel gesetzt. Vielen Schiffen auf einem mächtigen Strome gleich, sind sie unter allen erdenklichen Mühen nach Indien und Nepal gepilgert, haben bei berühmten Gelehrten und tantrischen Meistern unzählige Unterweisungen gehört und ihre Lehrer mit den drei köstlichen Freuden bedacht [d. h. den Lehrern Opfer dargebracht, sie mit Körper und Rede verehrt und das Gelernte verwirklicht]. Alle diese Lehren wurden dann ins Tibetische übersetzt.

Sie waren für die Lamas Tibets das Fundament. Man hörte sie, überdachte sie und verarbeitete und festigte sie in der Meditation. Kein Lama hat jemals auch nur eine einzige Hauptlehre dazu erfunden, die den [indischen Traditionen] widersprechen würde. Wenn also zum Beispiel ein Buddhist in Tibet seine Bedenken hinsichtlich einer bestimmten Lehraussage beseitigen möchte oder nach einer verläßlichen Quelle sucht, wird er zu diesem Zeitpunkt die Original-Quellen verwenden – die Worte Buddhas oder eines authentischen indischen Kommentators.[67]

Glossar

Abhängiges Entstehen	rten 'byung	pratītyasamutpāda
Absolute Wahrheit	don dam bden pa	paramārthasatya
Aggregat	phung po	skandha
allgemeines Merkmal	spyi mtshan	sāmānyalakṣaṇa
altruistisches Streben nach Erleuchtung	byang chub kyi sems	bodhicitta
Analyse	dpyod pa	vicāra
Anstrengung	brtson 'grus	vīrya
Anwendung	'du byed pa	abhisaṃskāra
Aufnahmefähigkeit	yid	manas
Ausübungs-Tantra	spyod rgyud	caryātantra
Befreiung	thar pa	mokṣa
Begierde-Bereich	'dod khams	kāmadhātu
Besonderer Klarblick	lhag mthong	vipaśyanā
Besondere Meditative Gleichgewichtfindung	lhag pa'i ting nge 'dzin	adhisamādhi
Besondere Sittlichkeit	lhag pa'i mtshul khrims	adhiśīla
Besondere Weisheit	lhag pa'i shes rab	adhiprajñā
Bewußtsein	rnam par shes pa	vijñāna
Bodhisattva	byang chub sems dpa'	bodhisattva
böse Absicht	gnod sems	vyāpāda
diamantgleiche Meditative Gleichgewichtfindung	rdo rje lta bu ting nge 'dzin	vajropamasamādhi
Einsamer Verwirklicher	rangs sangs rgyas	pratyekabuddha
Element	khams	dhātu

entzweiende Rede	phar mar smra ba	paiśunya
Erkenntnisobjekt	shes bya	jñeya
Erleuchtung	byang chub	bodhi
extremes Verhalten	mtha 'gnyis la sbyor ba	
falsche Sichtweise	log par lta ba	mithyādṛṣṭi
Faulheit	le lo	kausīdya
Fehler	nyes ba	doṣa
Feindvernichter	dgra bcom pa	arhan
Folgernde Schule	thal 'gyur ba	prāsaṅgika
Formhafter Bereich	gzugs khams	rūpadhātu
Form-Körper	gezugs sku	rūpakāya
Formloser Bereich	gzugs med khams	arūpyadhātu
Formlose Versenkung	gzugs med kyi snyoms 'jug	arūpyasamāpatti
Freude	dga' ba	prīti
Freudvolles Reines Land	dga' ldan	tuṣita
fühlendes Wesen	sems can	sattva
Geduld	bzod pa	kṣānti
Gefühl	tshor ba	vedanā
Gegenmittel	gnyen po	pratipakṣa
Geheimes Mantra-Fahrzeug	gsang sngags theg pa	guhyamantrayāna
Geist	sems	citta
Geistfaktor	sems byung	caitta
Gelübde	sdom pa	saṃvara
Geschmeidigkeit	shin sbyang	prasrabdhi
Gewissen	ngo thsa shes pa	hrī
Gewissenhaftigkeit	bag yod	apramāda
Gipfel	rtse mo	mūrdhan
Glückseligkeit	bde ba	sukha
Gottheit-Yoga	lha'i rnal 'byor	devatāyoga
grobe Rede	tshig rtsub smra ba	pāruṣya
Großes Fahrzeug	theg pa chen po	mahāyāna

Habsucht	brnab sems	abhidhyā
Handlungs-Tantra	bya rgyud	kriyātantra
Hellsehen	mngon shes	abhijñā
Hervorbringungs-Körper	sprul sku	nirmānakāya
Hindernis vor Allwissenheit	shes sgrib	jñeyāvaraṇa
Hitze	drod	uṣmagata
höchstes Gut	nges legs	niḥśreyasa
höchste weltliche Eigenschaften	'jig rten pa'i chos kyi mchog	laukikāgrayad-harma
Höchstes Yoga Tantra	rnal 'byor bla med rgyud	anuttarayogatantra
hoher Stand	mngon mtho	abhyudaya
Höherer	'phags pa	āryan
Hörer	nyan thos	śrāvaka
individuelle Befreiung	so so thar pa	prātimokṣa
individuell zu beichten	sor bshags	pratideśanīa
inhärent festgelegt	rang bzhin gyis sgrub pa	svabhāvasiddha
innere Klarheit	nang rab tu dang ba	adhyātmasam-prasāda
isolierbarer Faktor	ldog pa	vyatireka
Kleines Fahrzeug	theg dman	hīnayāna
Konventionelle Wahrheit	kun rdzob bden pa	saṃvṛitsatya
Konzentration	bsam gtan	dhyāna
Körper Vollkommenen Genusses	longs sku	saṃbhogakāya
Kreislaufexistenz	'khor ba	saṃsāra
Laschheit	bying ba	laya
Leerheit	stong pa nyid	śūnyatā
Lügen	rdzun du smra ba	mṛṣāvāda

Manifestes Wissen	chos mngon pa	abidharma
meditatives Gleichgewicht	mnyam bzhag	samāhita
Meditative Gleichgewichtfindung	ting nge 'dzin	samādhi
Merkmale eines Großen Wesens	skyes bu chen po'i mtshan nyid	mahāpuruṣa-lakṣanāni
Methode	thabs	upāya
Mitgefühl	snying rje	karuṇā
Mittlerer Weg-Schule	dbu ma pa	mādhyamika
Nebenmerkmal	dpe byed bzang po	anuvyañjana
Neigung	bag chags	vāsanā
Nicht-Anwendung	'du mi byed pa	anabhisamskāra
nicht-unfähig	mi lcog med	anāgamya
Objekt der Verneinung	dgag bya	pratiṣedhya
Ordensregeln	'dul ba	vinaya
Pfad	lam	mārga
Pfad der Ansammlung	tshogs lam	saṃbhāramārga
Pfad der Meditation	sgom lam	bhāvanāmārga
Pfad des Nicht-mehr Lernens	mi slob lam	aśaikṣamārga
Pfad des Sehens	mthong lam	darśanamārga
Pfad der Vorbereitung	sbyor lam	prayogaṃārga
Prädisposition	bag chags	vāsanā
produkthafter Faktor	'du byed	saṃskāra
Regeln	khrims	nigraha
Rest	lhag ma	avaśeṣa
Ruhiges Verweilen	zhi gnas	śamatha
Sammlung der Lehrreden	mdo sde	sūtrānta
Schriftsammlung	sde snod	piṭaka

Schulung	bslab pa	śikṣā
Schwäche	nyes byas	duṣkṛta
Schwingen der Erleuchtung	byang phyogs	bodhipakṣa
Selbstbeobachtung	shes bzhin	samprajanya
Selbst-Losigkeit von Erscheinungen	chos kyi bdag med	dharmanairātmya
Selbst-Losigkeit von Personen	gang zag gi bdag med	pudgalanairātmya
sexuelles Fehlverhalten	'dod pas log par gyem pa	kāmamithyācāra
Sinnesbereich	skye mched	āyatana
Sinneskraft	dbang po	indriya
sinnloses Geschwätz	ngag 'khyal	pralapa
Sinnprinzip	don spyi	arthasāmānya
Sittlichkeit	thsul khrims	śīla
So-Gegangener	de bzhin gshegs pa	tathāgata
Soheit	de kho na nyid	tathatā
Stehlen	ma byin len	adattādāna
Streben	'dun pa	chanda
Tat	las	karma
Töten	srog gcod	prāṇātighāta
Überweltlicher Sieger	bcom ldan 'das	bhagavan
Überwinder	thub pa	muni
unbeständig	mi rtag pa	anitya
unreines Gefühl	nyon mongs	kleśa
Unterscheidung	'du shes	samjñā
Untersuchung	rtog pa	vitarka
ununterbrochener Pfad	bar cad med lam	ānantaryamārga
unveräußerlicher Besitz	khyab pa	vyāpti
Vergeßlichkeit	brjed nges pa	tīrthika
Verkündigung	gsung rab	pravacana
Verlegenheit	khrel yod pa	apatrāpya

Vertrauen	dad pa	śraddhā
Vollendungs-Fahrzeug	phar phyin theg pa	pāramitāyāna
wahres Verlöschen	'gog pa'i bden pa	nirodhasatya
wahres Leiden	sdug bsngal bden pa	duḥlchjasatya
wahrer Pfad	lam gyi bden pa	mārgasatya
wahrer Ursprung	kun 'byung bden pa	samudayasatya
Wahrheit	bden pa	satya
Wahrheits-Körper	chos sku	dharmakāya
Weisheit	shes rab	prajñā
Weisheits-Wahrheits-Körper	ye shes chos sku	jñānadharmakāya
Wesens-Körper	ngo bo nyid kyi sku	svabhāvikakāya
Yoga-Tantra	rnal 'byor rgyud	yogatrantra
Zentrum der Energiebahnen	'khor lo	cakra
Zweifel	the tshom	vicikitsā

Bibliographie

Die Bibliographie listet die Schriften auf, die der Dalai Lama im vorliegenden Werk zitiert hat. Die Sutras und Tantras sind nach ihrem deutschen Titel alphabetisch geordnet, die indischen Kommentare unter dem Namen ihres Verfassers aufgeführt. Zusätzliche Hinweise auf Übersetzungen in westliche Sprachen sind in die Anmerkungen eingearbeitet und dort nachzusehen.

»p« steht für die Peking-Ausgabe des tibetischen buddhistischen Kanons: *Tibetan Tripiṭaka*, hrsg. von Tibetan Tripiṭaka Research Foundation, Tokio und Kyoto, 1956.

Sutras und Tantras

Herz-Sutra der Vollkommenen Weisheit
bhagavatīprajñāpāramitāhṛdayasūtra
bcom ldan 'das ma shes rab kyi pha rol tu phyin pa'i snying po'i mdo.
P 160, Vol. 6
Sanskrittext und englische Übersetzung in: Edward Conze, Hrsg. & Übers., *Buddhist Wisdom Books*, New York, 1972.

Sutra vom König der Meditativen Gleichgewichtfindungen
samādhirājasūtra
ting nge 'dzin rgyal po'i mdo
P 795, Vol. 31-32
ausschnittsweise übersetzt von K. Regamey in *Three Chapters from the Samādhirājasūtra*, Warschau, 1938.

Sutra vom Zusammenkommen von Vater und Sohn
pitāputrasamāgamaṣūtra
yab dang sras mjal ba'i mdo
P 760.16, Vol. 23.

Vajrapañjaratantra
ḍākiṇīvajrapañjaramahātantrarājakalpa
mkha' 'gro ma rdo rje gur zhes bya ba'i rgyud kyi rgyal po chen po'i brtag pa
P 11, Vol. 6

Sanskritkommentare und -abhandlungen

Asaṅga (thogs med)
Kompendium des Wissens
abhidharmasamuccaya
mngon pa kun btus
P 5550, Vol. 112
Fragmente und wiedererstellter Sanskrittext hrsg. von Pralhad Pradhan, *Abhidharma-Samuccaya*, Santineketan, 1950.
Französische Übersetzung von W. Rahula, *Le Compendium de la Super Doctrine Philosophie*, Paris, 1971.

Chandrakīrti (zla ba grags pa)
Anmerkungen zum »Mittleren Weg« (Nāgārjunas)
madhamakāvatāra
dbu ma la 'jug pa
P 5261, Vol. 98; P 5262, Vol. 98; und hrsg. von Louis de la Vallée Poussin, *Madhyamakāvatāra par Chandrakīrti*, Osnabrück 1970.
Französische Übersetzung von Louis de la Vallée Poussin bis einschließlich VI 165 in Muséon 8 (1907), S. 249-317; Muséon 11 (1910) S. 271-358; und Muséon 12 (1911), S. 235-328.
Englische Übersetzung des sechsten Kapitels von Stephan Batchelor in: Geshe Rapten, *Echoes of Voidness*, London, 1983, S. 47-92.

Siebzig Strophen über die Dreifache Zuflucht
triśaraṇasaptati
gsum la skyabs su 'gro ba bdun cu pa
P. 5366, Vol. 103.

Maitreya (byams pa)
Unterscheidung zwischen der Mitte und den Extremen
madhyāntavibhaṅga
dbus dang mtha' rnam par 'byed pa
P 5522, Vol. 108.
Sankrittext hrsg. von Ramchandra Pandeya, *Madhyānta Vibhaṅga Shāstra,* Delhi, 1971.
Ausschnittsweise ins Englische übersetzt von T. Stcherbatsky, Madhyānta-Vibhaṅga, Calcutta, 1971.

Schmuck der klaren Erkenntnisse
abhisamayālaṃkāra
mngon par rtogs pa'i rgyan
P 5184, Vol. 88
Englische Übersetzung von Edward Conze, *Abhisamayālaṃkāra,* Rom, 1954.

Schmuck der Mahayana-Sutras
mahāyānasūtrālaṃkāra
theg pa chen po'i mdo sde rgyan gyi tshig le'ur byas pa
P 5521, Vol. 108.
Sanskrittext hrsg. von S. Bagchi, *Mahāyāna-Sūtralāṃkāra of Asaṅga*
Buddhist Sanskrit Texts Nr. 13, Darbhanga, 1970.

Matṛcheta/Shūra (dpa 'bo)/ Ashvagoṣha (rta dbyangs)
Kranz der Geburtsgeschichten
jātakamālā
skyes pa'i rab kyi rgyud
P 5650, Vol. 128
Englische Übersetzung: J.S. Speyer, *The Jātakamālā,* Delhi, 1971.

Nāgārjuna (klu sgrub)
Freundschaftlicher Brief
suhṛllekha
bshes pa'i springs yig
P 5682, Vol.129
Englische Übersetzungen: Lozang Jamspal et. al., *Nāgārjunas Letter to King Gautamīputra*, Delhi, 1978; geshe L. Dharchin und A. B. Engle, *Nāgārjunas Letter*, Dharamsala, 1979; und Leslie Kawamura, *Golden Zephyr*, Berkeley, 1975.

Abhandlung vom Mittleren Weg genannt »Weisheit«
prajñānāmamūlamadhyamakakārikā
dbu ma rtsa ba'i tshig le'ur byas pa shes rab bya ba
P 5224, Vol. 95
Sanskrittext hrsg. von Louis de la Vallée Poussin, *Mūlamadhyamakakārikās (Mādhyamikasūtras) de Nāgārjuna avec la Prasannapadā Commentaire de Chandrakīrti*, Osnabrück, 1970.
Englische Übersetzungen: F. J. Streng, *Emptiness*, Abington, 1967; und K. Inada, *Nāgārjuna, A Translation of his Mūlamadhyamakakārikā with an Introductory Essay*, Tokio, 1970.

Shāntarakṣita (zhi ba 'thso)
Schmuck des Mittleren Weges
madhyamakālaṃkāra
dbu ma'i rgyan gyi tshig le'ur byas pa
P 5284 Vol. 101.

Shāntideva (zhi ba lha)
Eintritt in die Bodhisattvataten
bodhi [sattva] caryāvatāra
byang chub sems dpa'i spyod pa la 'jug pa
P 5272, Vol. 99.
Sanskrittext hrsg. von V. Bhattacharya, *Bodicaryāvatāra*, Calcutta 1960.
Englische Übersetzung von Stephan Batchelor, *A Guide to the Bodhisattva's Way of Life*, Dharamsala, 1979.

Deutsche Übersetzung von Ernst Steinkellner, *Eintritt in das Leben zur Erleuchtung*, Köln 1982.

Tripiṭakamāla
Leuchte der Drei Art und Weisen
nayatrayapradīpa
tshul gsum gyi sgron ma
P 4530, Vol. 81

Vasubandhu (dbyig gnyen)
Schatzhaus des Wissens
abhidharmakośakārika
chos mngon pa'i mdzod kyi tshig le'ur byas pa
P 5590, Vol. 115
Sanskrittext hrsg. von P. Pradhan *Abhidharmakośabhāṣyam of Vasubandhu*, Patna, 1975.
Französische Übersetzung von Louis de la Vallée Poussin *L'Abhidharmokośa de Vasubandhu*, 6 Bände, Brüssel, 1971.

Anmerkungen

1 Es gibt viele Prophezeiungen zur Lebensdauer der buddhistischen Lehre nach dem Tode des Buddha. *Der Kommentar zu den Sutras der Vollkommenen Weisheit in 100 000, 25 000 und 8000 Versen (shes rab kyi pha rol tu phyin pa 'bum pa dang nyi khri lnga stong pa dang khri brgyad stong pa'i rgya cher bshad pa, śatasāhasrikāpañcaviṃśatisāhasrikāṣṭadaśā-sāhasrikāprajñā-pāramitābrhattīka)* sagt der Lehre eine Lebensdauer von insgesamt 5000 Jahren voraus, die in zehn Fünfhundertjahres-Perioden unterteilt sind. Nach einer bestimmten tibetischen Datierung befinden wir uns gegenwärtig in der sechsten Periode. Sie heißt »Periode der Sittlichkeit« *(tshul khrims kyi le'u)* weil in ihr viele Höhere *('phags pa, āryan)* erscheinen werden, die sich durch besondere Sittlichkeit auszeichnen. Eine Beschreibung der zehn Perioden und eine Auflistung anderer Prophezeiungen zur Lebensdauer der Lehre ist enthalten in: E. Obermiller, Übers., *History of Buddhism by Buston,* Vol. II, (Heidelberg: Heft, 1932), S. 102-108. Als Quelle gibt Obermiller MDO. XIV 232b 1-7 der Narthang Ausgabe an; in der Peking-Ausgabe ist dies P 5206, Vol. 93 (Toh. 3808; Die Peking-Ausgabe gibt keinen Verfasser an, die Derge-Ausgabe von Dharma Publishing nennt Daṃṣhṭrasena als Autor.

2 Einige Mahāyānasūtras stellen Buddha Shakyamuni als den vierten von insgesamt einstausend Buddhas vor, die im gegenwärtigen Weltzeitalter erscheinen sollen. Vergl. Obermiller, S. 90-100.

3 P 5650, Vol. 128, 51.5.7; vergl. auch: J. S. Speyer, Übers., *The Jātakamāla,* Delhi, 1971, S. 272, Matṛcheta, Aryaśūra und Aśvaghoṣa scheinen dieselbe Person zu bezeichnen.

4 In der Übersetzung von Chimpa und Chattopadhyaya

(Simla, 1970, S. 199f) lautet diese Geschichte in *Tāranāthas History of Buddhism in India* folgendermaßen:
Im Osten (Folio 75a) in Varendra lebte einstmals ein Pandit, der Avalokiteshvara in einer Vision erschauen konnte. Er führte eine Debatte mit einen *Tīrthika*, der eine materialistische Sichtweise vertrat. Obwohl er die Sichtweise dieses *Tīrthikas* widerlegen konnte, hielt sein materialistischer Opponent hartnäckig an der Behauptung fest, daß allein die Schärfe des Intellekts die Gültigkeit eines Arguments besiegele. Debatten würde immer nur der Klügere gewinnen. Deswegen behauptete er weiterhin: »Für frühere oder zukünftige Existenzen gibt es keinerlei direkte Beweise. Deswegen lasse ich sie auch nicht gelten.« Daraufhin rief der Pandit den König und andere als Zeugen an und sagte: »Ich werde wiedergeboren. Kennzeichne meine Stirn mit einem deutlich sichtbaren Merkmal.«
Er kennzeichnete seine Stirn mit einem Zinnoberroten Mal, das tief ins Fleisch eingeschnitten war. Dann legte er noch eine Perle in seinen Mund und verstarb auf der Stelle. Sein Leichnam wurde in einem Kupferkessel aufbewahrt, den der König versiegelt hatte.
Wie er gelobt hatte wurde er als Sohn mit günstigen Merkmalen des Kshatriya Gelehrten Visheshaka wiedergeboren. Auf seiner Stirn war das Zinnobermal zu sehen. Die Perle hatte er im Mund. Daraufhin untersuchten der König und die anderen Zeugen den versiegelten Leichnam und stellten fest, daß dieser weder das Mal auf der Stirn hatte noch die Perle im Mund trug. Es heißt, daß der Tīrthika von diesem Augenblick an an vergangene und zukünftige Existenzen glaubte.

5 Zitiert in Chandrakirtis *Anhang zum »Mittleren Weg«, (dbu ma la 'jug pa, madhyamakāvatāra)* als Kommentar zu VI.80. Vergl. Louis de la Vallée Poussin, *Madhyamakāvatāra par Chandrakirti,* Osnabrück, 1970, S. 175.

6 Der Sanskrittext lautet:
dve satye samupāśritya buddhānāṃ dharmadeśanā.
Vergl.: Louis de la Vallée Poussin, *Mūlamadhyamakakārikas*

(Mādhyamikasūtras) de Nāgārjuna avec la Prasannapadā Commentaire de Chandrakirti, Osnabrück, 1970, S. 492.

7 Auf Anregung des Dalai Lamas sind hier vier irrige Ansichten aufgeführt, anstatt der drei, die der Originaltext angibt. Vergl.: Ngawang Belden, (*ngag dbang dpal ldan,* 1797-?), *Anmerkungen zu (Jamyang Shaybas) »Großer Darlegung der Lehrmeinungen«: Die Auflösung der Knoten schwieriger Fragen, das Kostbare Juwel des Klaren Denkens (grub mtha' chen mo'i mchan 'grel dka' gnad mdud grol blo gsal gces nor),* Sarnath, Pleasure of Elegant Sayings Press, 1964, 155.4.

8 Vergl.: Louis de la Vallée Poussin, Hrsg., *Madhyamakāvatāra par Chandrakirti,* S. 301-303.

9 Die eingeklammerten Satzteile entstammen Dzong Kabas *(tsong kha pa) Erhellung des Denkens: eine ausführliche Kommentierung von [Chandrakirtis] Anmerkungen zum »mittleren Weg [Nāgārjunas] (dbu ma la 'jug pa'i rgya cher bshad pa dgongs pa rab gsal),* Dharmasala, Shes rig pa khang edition, 228.19.

10 Ebd.,

11 Dzong Kabas *Erhellung des Denkens (*229.3) deutet *bzhed pa* als *bshad pa.*

12 Vergl.: Ngawang Belden, *Die Darlegung des Konventionellen und des Absoluten in den Vier Systemen von Lehrmeinungen (grub mtha' bzhi'i lugs kyi kun rdzob dang don dam pa'i don rnam par bshad pa legs bshad dpyid kyi dpal mo'i glu dbyangs)* New Delhi, 1972, 185.3; siehe auch in seinen *Anmerkungen zu Jamyang Shaybas »Großer Darlegung der Lehrmeinungen«: Die Auflösung der Knoten schwieriger Fragen, das Kostbare Juwel Klaren Denkens,* 187.4.

13 Der Sanskrittext lautet:
rāśyāyadvāragotrārthāḥ skandhāyantanadhātavah.
Siehe: P. Pradhan, Hrsg., *Abhidharmakośabhāṣyam of Vasubandhu,* Patna, 1975, S. 13. Eine ausführlichere Darstellung der Aggregate, Elemente und Sinnesbereiche ist im ersten Kapitel von Vasubandhus *Schatzhaus des Wissens (abhidharmakośa)* und Asaṅgas *Kompendium des Wissens*

(abhidharmasamuccaya) enthalten. Diese beiden Werke liegen in französischer Übersetzung vor. Vergl.: Louis de la Vallée Poussin, Übers., *L'Abhidharmakośa de Vasubandhu*, Band 1, Brüssel, 1971; und Walpola Rahula, *Le Compendium de la Super-Doctrine (Philosophie) (Abhidharmasamuccaya) d'Asanga)*, Paris, 1980.

14 »Unterscheidung des Kleinen« verweist auf die Unterscheidung im Kontinuum eines gewöhnlichen Wesens des Begierde-Bereiches, das noch keine tatsächliche Konzentration und auch noch nicht die Unterscheidungen erreicht hat, die die Eigenschaften des Begierde-Bereiches beobachten. »Unterscheidung des Weiten« verweist auf die Unterscheidungen, die den Formhaften Bereich beobachten und auf die Unterscheidungen im Kontinuum von Wesen des Formhaften Bereiches. »Unterscheidung des Grenzenlosen« verweist auf Unterscheidungen, die die Raumunendlichkeit und die Bewußtseinsunendlichkeit betreffen. Vergl.: Jeffrey Hopkins, *Meditation on Emptiness*, London, 1983, S. 243.

15 Janggya Rolbay Dorje *(lcang skya rol pa'i rdo rje*, 1717-1786) führt diese fünfzehn nicht-beigeordneten Faktoren in seiner *Darlegung der Lehrmeinungen (grub mtha'i rnam bzhag)* auf. Vergl. *The Presentation of Tenets, Sarnath*, 1970, S. 90.

1 Erwerbung *('thob pa, prāpti)*
2 Nicht-Erwerbung *('thob pa med pa, aprāpti)*
3 Ähnlichkeit der Art *(rigs 'thun pa, nikāyasabhāgata)*
4 einer ohne Unterscheidung *('du shes med pa pa, āsaṃjñika)*
5 Versenkung ohne Unterscheidung *('du shes med pa'i snyoms 'jug, asaṃjñisamāpatti)*
6 Versenkung in das Aufhören *('gog pa'i snyoms 'jug, nirodhasamāpatti)*
7 Lebenskraft *(srog gi dbang po, jīvitendriya)*
8 Erzeugung *(skye ba, jāti)*
9 Altern *(rga ba, jarā)*
10 Dauer *(gnas, sthiti)*

11 Unbeständigkeit *(mi rtag pa, anityatā)*
12 Gruppe der Stämme *(ming gi tshogs, nāmakāya)*
13 Gruppe der Worte *(tshig gi tshogs, padakāya)*
14 Gruppe der Buchstaben *(yi ge'i tshogs, vyañjanakāya)*

16 Budön *(bu ston)* führt als Quelle für seine zwölf Arten von Schriften Ratnākaraśhāntis *Höchste Essenz (sārottamā)* an und gibt die folgende Auflistung:
Lehrreden *(mdo de, sūtra)*
Gesänge *(dbyangs kyis bsnyad pa, geya)*
Prophezeiungen *(lung du bstan pa, vyākaraṇa)*
Lieder *(tshigs su bcad pa, gāthā)*
Feierliche Aussprüche *(ched du brjod pa, udāna)*
Zusammenfassungen *(gleng gzhi, nidāna)*
Heiligengeschichten *(rtogs pa'i brjod pa, avadāna)*
Legenden *(de lta bu byung ba, itivṛttaka)*
Geburtsgeschichten *(skyes pa rabs, jātaka)*
Unermeßliche Texte *(shin tu rgyas pa, vaipulya)*
Wundersame Eigenschaften *(rmad du byung ba'i chos, adbhutadharma)*
Belehrungen *(gtan la phab par bstan pa, upadeśa)*
Eine kurze Beschreibung der Inhalte dieser Arten von Schriften und eine Erklärung ihrer Stellung im Rahmen der Drei Sammlungen von Schriften ist enthalten in: E. Obermiller, Übers., *History of Buddhism by Bu-ston,* Teil I, Heidelberg, Heft 1931, S. 31-34.

17 Mit den zwei Sammlungen von Schriften sind die Schriften des Kleinen und des Großen Fahrzeugs gemeint. Der Sanskrittext lautet:
piṭakatrayam dvayaṃ vā samạgrahatah kāraṇairnavabhiraṣṭam Siehe: S. Bagchi, Hrsg., *Mahāyāna-Sūtrālaṃkāra of Asaṅga* Buddhist Sanskrit Text Nr. 13, Darbhanga, 1970, S. 55.

18 Diese vier Gedanken sind:
Das Denken der Gleichheit *(mnyam pa nyid la dgongs pa, samatābhiprāya)*
Das Denken an eine andere Zeit *(dus gzhan la dgongs pa, kālāntarābhiprāya)*

Das Denken an die Gedanken einer anderen Person *(gang zag gi bsam pa la dgongs pa, pudgalāntarābhiprāya)*
Die vier Absichten sind:
Die Absicht des Eintritts in die Lehren *(gzhug pa la ldem por dgongs pa, avatāranābhisandhi)*
Die Absicht auf die drei Zeichen *(mthsan nyid la ldem por dgongs pa, laksanābhisandhi)*
Die Absicht auf ein Gegenmittel *(gnyen po la ldem por dgongs pa, pratipaksābhisandhi)*
Die Absicht auf Übersetzung *(sbyor ba la ldem por dgongs pa bsgyur ba la ldem por dgongs pa, pariṇāmābhisandhi)*
Diese Aufzählung entstammt Jamyang Shaybas *Große Darlegung der Lehrmeinungen*, auch bekannt unter dem Titel: *Erklärung der »Lehrmeinungen«, Sonne aus dem Land Samantabhadras, die unsere eigenen wie die Lehrmeinungen anderer klar durchleuchtet und die Bedeutung der tiefen Leerheit erhellt, Ozean von Schrift und Darlegung, der alle Hoffnungen aller Wesen erfüllt (grub mtha'i rnam bshad rang gzhan grub mtha' kun dang zab don mchod tu gsal ba kun bzang zhing gi nyi ma lung rigs rgya mtsho skye dgu'i re ba kun skong)*, Musoorie, Dalama, 1962 nga 9b.7. Jamyang Shayba gibt als Quelle Maitreyas *Schmuck der Mahāyānasūtras* an.

19 Eine Auflistung und kurze Beschreibung der Siebenunddreißig Schwingen der Erleuchtung ist zu finden in: Jeffrey Hopkins, *Meditation on Emptiness*, S. 205 f.

20 Dies sind die letzten beiden Zeilen der siebenten Strophe des *Freundschaftlichen Briefes.* Der Sanskrittext ist nicht erhalten. Es gibt jedoch drei kommentierte Übersetzungen neueren Datums aus dem Tibetischen: Geshe Lobsang Tharchin ud A.B. Engle, Übers., *Nāgārjunas Letter*, Dharamsala, 1979; Lozang Jamspal et. al., *Nāgārjunas Letter to King Gautamīputra*, Delhi, 1978; und Leslie Kawamura, Übers.: *Golden Zephyr*, Berkeley, 1975.

21 Der Sanskrittext lautet:
tadaudārikasaṣgrahāt
daśa karmapathā ukta yathāyogaṃśubhāśubhāh

Siehe: Pradhan, *Abhidharmakośabhāṣyam of Vasubandhu*, S. 238.

22 Die Ausführung in den Klammern stammen aus *Erklärung von Vasubandhus herausragendem Schatzhaus des Wissens, die den Pfad zur Befreiung erhellt (dam pa'i chos mngon pa'i mdzod kyi rnam par bshad pa thar lam gsal byed)* von Gendun Drup *(dge 'dun grub)*, dem Ersten Dalai Lama, Varanasi 1973, 242.4.

23 Dzong Kaba *(tsong kha pa)* identifiziert als Basis »ein fühlendes Wesen, das für die Erzeugung einer bösen Absicht als Grundlage dient«; *(kun nas mnar sems skye ba'i gzhir gyur pa'i sems can)*. Siehe in: *Die Lamrim Chenmo des unvergleichlichen Tsong-Kha-pa mit zwischenzeiligen Kommentaren von Ba-so Chos-kyi-rgyal-mtshan, Sde-drug Mkhan-chen Ngag-dbang-rab-brtan, 'Jam-dbyangs-bshad-pa'i-rdo-rje, und Bra-sti Dge-bshes Rin-chen-don-grub*, New Delhi, Chos-'phel-legs-ldan, 1972, Vol. 1, 323.2.

24 Der Sanskrittext lautet:
aṣṭadhā prātimokṣākhyaḥ dravyatastu caturvidhaḥ
Siehe P. Pradhan, Hrsg., *Abhidharmakośabhāṣyam of Vasubandhu*, S. 205.

25 Die Orinalbegriffe in Tibetisch und Sanskrit können dem Glossar entnommen werden. Die Ordensregeln der Mahāsamghikas und Mūlasarvāstivādins werden eingehend untersucht in: Charles S. Prebish, *Buddhist Monastic Discipline*, University Park, Pennsylvania, 1975.

26 Der Sanskrittext lautet:
śamathena vipaśyanāsuyuktaḥ
kurute klésavināśamityavetya śamathaḥ
prathamamṃgaveṣanīyaḥ sa ca loke
nirapeksayābhiratyā
Siehe: V. Bhattacharya, Hrsg., *Bodhicaryāvatāra*, Calcutta, 1960, S. 136.

27 Der Sanskrittext lautet:
pañcadoṣaprahāṇā 'ṣṭasaṃkārā 'sevanā 'nvayā
Vergl. R. Pandeya, Hrsg., *Madhyānta-Vibhāga Śāstra*, Delhi 1971, S. 129.

28 Der Sanskrittext lautet:
kausīdyamavavādasya sammoṣo laya uddhavaḥ
asaṃ skāro 'tha saṃkāraḥ pañca doṣā ime matāḥ
Vergl.: Pandeya, Hrsg., S. 130

29 Der Sanskrittext lautet:
áśrayo 'thāśritastasya nimittaṃ phalameva ca
ālambano 'sammoṣo layauddhatyā 'nubuddhyanā
tadapāyā 'bhisaṃskāraḥ śāntau praśaṭhavāhitā
Siehe Pandeya, Hrsg., S. 130 f. Die Hinzufügungen in den Klammern entstammen dem Text *Die Lamrim Chenmo des unvergleichlichen Tsong-Kha-pa mit zwischenzeiligen Anmerkungen von Ba-so Chos-kyi-rgyal-mtshan, Sde-drug Mkhan-chen Ngag-dbang rab-brtan, 'Jam-dbyangs-bshad-pa'i-rdo-rje und Bra-sti Dge-bshes Rin-chen-don-grub*, Vol. 2, 36.2-6 und 89.6-90.2.

30 Der Sanksrittext lautet:
nibadhyālambane cittaṃ tatpravedhaṃ [vāhaṃ] na vikṣipet
avagamyāśu vikṣepaṃ tasmin pratiharetpunaḥ
pratyātmam saṃkṣipeccittamuparyupari buddhimān
tataścara [da]mayeccittaṃsamādhau guṇadarśanāt
arati śamayettasminvikṣepadoṣadarśanāt
abhidhyādaurmanasyādīnvyutthitān śamayettathā
tataśca sābhisaṃskārāṃ citte svarasavāhitāṃ
labhetānabhisaṃskārān [rāṃ] tadabhyāsātpunaryatiḥ
Vergl.: S. Bagchi, Hrsg., *Mahāyāna-Sūtrālaṃkāra of Asaṅga* Buddhist Sanskrit Text Nr. 13, Darbhanga, 1970, S. 89
Die Zahlen in den Klammern entsprechen den neun geistigen Verweilungen, wie sie aufgeführt sind in: *Die Lamrim Chenmo des unvergleichlichen Tsong Kha-pa mit zwischenzeiligen Kommentaren von Ba-so Chos-kyi-rgyal-mtshan, Sde-drug Mkhan-chen Ngag-dbang-rab-brtan, 'Jam-dbyangs-bshad-pa'i rdo-rje und Bra-sti Dge-bshes Rin-chen-don-grub*, Vol., 2, 93.4-103.6.

31 Eine Beschreibung der Konzentrationen und Formlosen Versenkungen und der Weg zu ihrer Verwirklichung ist in

Vasubandhus *Schatzhaus des Wissens* gegeben. Vergl.: Louis de la Vallée Poussin, Übers. *L'Abhidharmakośa de Vasubandhu*, Band 5, Brüssel, 1971, S. 127-225; vergl. auch: Lati Rinbochay, Denma Lochö Rinbochay, Leah Zahler und Jeffrey Hopkins, *Meditative States in Tibetan Buddhism*, London, 1983, S. 92-133.

32 Für eine französische Übersetzung siehe: W. Rahula, *Le Compendium de la Super-Doctrine Philosophie*, Paris 1971, S. 112; Für den Sanskrittext siehe: P. Pradhan, Hrsg., *Abhidharma-Samuccaya [Santiniketan*, 1950; und N. Tatia, Hrsg., *Abhidharma Samuccaya]bhāṣyam*, Tibetan-Sanskrit Works Series Nr. 17, Patna, 1976.

33 Siehe *Meditative States in Tibetan Buddhism*, S. 102-115.

34 Wird auch als Meditative Gleichgewichtfindung bezeichnet (ting nge 'dzin, samādhi)

35 Der Sanskrittext lautet:
pañcādye tarkacārau ca prītisaukhyasamādhayaḥ
prītyādayaḥ prasādaśca dvitīye 'ṅgacaṭuṣṭayam
tritīye pañca tūpekṣā smṛtiḥ prajñā sukhaṃ sthitiḥ
catvāryante 'sukhāduḥ khopekṣ āsmṛtisamādhayah
Vergl.: P. Pradhan, Hrsg., *Abhidharmakośabhāṣyam of Vasubandhu* Patna, 1975, S. 437 f.

36 Eine ausführliche Beschreibung der Konzentrationen und der Übergänge von einer Konzentration zur nächsten ist enthalten in: *Meditative States in Tibetan Buddhism*, S. 146-204.

37 Siehe *Madhaymakāvatāra par Chandrakīrti*, hrsg. von Louis de la Vallée Poussin, Osnabrück, 1970, S. 233. Chandrakīrti zitiert diese Strophe in seiner *Prasannapadā*. Vergl.: Louis de la Vallé Poussin, Hrsg., *Prasannapadā (Mūlamadhyamakakārikās de Nāgārjuna avec la Prasannapadā Commentaire de Chandrakīrti*, S. 340. Der Sanskrittext lautet:
satkāyadṛṣṭiprabha[v]ānaśeṣān kleśāṃśca dośāṃśca
dhiyā vipaśyan
ātmānamasyā viṣayaṃ ca buddhvā yogī karotyātmaniṣedhameva

38 P 5284, Vol. 101, 1.1.8.

39 Der Sanskrittext lautet:
kalpitaṃ bhāvamaspṛṣṭvā tadabhāvo na gṛhyate
Siehe V. Bhattacharya, Hrsg., *Bodhicaryāvatāra,* Calcutta, 1960, S. 221.

40 Eine ausführliche Beschreibung ist zu finden in: Jeffrey Hopkins, *Meditation on Emptiness,* S. 125-196.

41 Das sind als erstes die Achtsamkeiten bezüglich des Körpers, der Gefühle, Gedanken und Erscheinungen. Der vierfache Verzicht ist der Verzicht auf: Leiden, die bereits entstanden sind; die Nicht-Erzeugung von Leiden, die noch nicht erzeugt wurden; die Vermehrung reiner Erscheinungen, die bereits entstanden sind; und die Erzeugung reiner Erscheinungen, die noch nicht entstanden sind. Die vier Stützen der Emanation sind Begeisterung, Anstrengung, Denken und Analyse.

42 Die fünf Fähigkeiten und die fünf Kräfte sind: Vertrauen, Anstrengung, Achtsamkeit, Meditative Gleichgewichtfindung und Weisheit.

43 Die sechzehn Aspekte der Vier Wahrheiten sind:
Vier Formen wahren Leidens
1 Unbeständigkeit
2 Elend
3 Leerheit
4 Selbst-losigkeit
Vier wahre Ursachen
5 Ursache
6 Ursprung
7 heftige Erzeugung
8 Bedingung
Vier Formen wahren Aufhörens
9 Aufhören
10 Befriedigung
11 günstige Hoheit
12 endgültiger Durchbruch
Vier wahre Pfade
13 Pfad

14 Eignung
15 Erlangung
16 Befreiung
Eine ausführliche Beschreibung ist enthalten in: Jeffrey Hopkins, *Meditation on Emptiness,* S. 292-296.

44 Der Sanskrittext lautet:
praicchedo 'tha samprāptiḥ parasambhāvanā tridhā
vipakṣapratipakṣaśca mārgaṣyāṅgaṃ tadaṣṭadhā
Siehe R. Pandeya, Hrsg., *Madhyānta-Vibhāga-Shāstra,* Delhi, 1971, S. 136.

45 Eine ausführliche Beschreibung des Pfades des Kleinen Fahrzeugs ist im sechsten Kapitel von Vasubandhus *Schatzhaus des Wissens* gegeben. Siehe: Louis de la Vallée Poussin, Übers., *L'Abhidharmakośa de Vasubandhu,* Band IV, Brüssel, 1971.

46 Eine ausführlichere Beschreibung der Zehn Bodhisattva-Erden ist gegeben in M. Honda, »An Annotated Translation of the ›Daśabhūmika‹«, *Studies in Southeast and Central Asia,* Śatapiṭaka Series 74, Delhi 1968, S. 115-276.

47 Für eine nähere Beschreibung des Bodhisattva-Weges siehe in: E. Obermiller, »The Doctrine of Prajñāpāramitā as Exposed in the Abhisamayālaṃkāra of Maitreya«, *Acta Orientalia,* Vol. XI, Teil 1 und 2, Leiden, 1932, S. 1-134 und 335-354; und in: Jeffrey Hopkins, *Meditation on Emptiness,* S. 29-123.

48 P 4530, Vol. 81, 115.2.5-115.2.6; Tripiṭakamālas Eigenkommentar reicht bis 118.2.6

49 Zur Übung des Gottheit-Yoga vergl.: in Tsong Khapa, *Tantra in Tibet,* Köln, 1981

50 P 11, Vol. 1, 234.1.5-234.1.6.

51 Die vier Tantra-Klassen sind beschrieben in Tsong Khapa, *Tantra in Tibet* und in: F. D. Lessing und A. Wayman, *Introduction to the Buddhist Tantrica Systems*, Delhi 1978, S. 101-337. Für eine nähere Darstellung von Handlungs- und Ausübungs-Tantra siehe: Tsong Khapa, *The Yoga of Tibet,* London, 1981.

52 Die Übung des Großen Siegels *(Mahamudra)* im Rahmen

des Höchsten Yoga Tantras ist dargestellt in: Kelsang Gyatso, *The Clear Light of Bliss,* London, 1982.

53 Der Sanskrittext lautet:
svabhāvikaḥsasaṃbhogo nairmāṇiko 'parastathā
dharmakāyaḥ sakāritraścaturdhā samudīritaḥ
Siehe: Th. Stcherbatsky und E. Obermiller, Hrsg. *Abhisamayālankāra-Prajñāpāramitā-Upadeśa-Śāstra,* Osnabrück, 1970, S. 3.

54 In der Lebensbeschreibung Buddhas, wie sie in Budöns *History of Buddhism* dargestellt ist, erscheint als Ausschnitt aus den *Kleinen Schriften über die Ordensregeln ('dul ba phran tshegs kyi gzhi, vinayakṣudravastu)* die folgende Geschichte, in der der Buddha am Abend seines Verscheidens den Gandharva-König Sunanda bezähmt, der ein ausgezeichneter Lautenspieler war. Siehe E. Obermiller, Teil II, S. 59 f.

Der Erhabene wollte Sunanda bezähmen und nahm zu diesem Zweck eine tausendsaitige Laute mit einem Resonanzkörper aus Vaidurya-Stein. Nachdem er sich in einen Gandharva verwandelt hatte, erschien er vor den Toren von Sunandas Palast und forderte ihn zu einem Wettstreit ihrer musikalischen Fähigkeiten heraus. [Sie begannen.] Dann durchtrennte der Buddha nach und nach alle Saiten bis auf eine. Trotzdem änderte sich der Klang nicht. Schließlich durchschnitt er sogar die letzte Saite, ohne Folgen. Im leeren Raum ertönten die Klänge nicht anders als zuvor. Sunandas Stolz war damit gedemütigt und er wunderte sich sehr. Dann erschien der Lehrer in seiner wahren Form. Sunanda begrüßte ihn respektvoll in tiefem Glauben und setzte sich nieder, um die Lehre von ihm zu hören. Als der Erhabene ihn lehrte, kam Sunanda zu einem intuitiven Verständnis der Wahrheit.

55 Nach seiner Erlangung der Buddhaschaft im Reich Geschmückten Reinen Land nahm Buddha Shakyamuni als Gott Shvetaketu im Freudvollen Reinen Land Geburt an und ging von dort in Mahamāyas Schoß auf der Erde ein. Siehe: E. Obermiller, Teil I, S. 136.

56 Die zweiunddreißig Haupt- und achtzig Nebenmerkmale sind aufgelistet in: Edward Conze, Übers., *Abhisamayālaṃkāra*, Rom, 1954, S. 98-102.

57 Die vierundsechzig Eigenschaften wohlklingender Rede sind aufgelistet in Budöns *History of Buddhism*. Siehe: E. Obermiller, Teil I, S. 26-30.

58 Zur Geschichte der frühen und späten Verbreitung des Buddhismus in Tibet, siehe: E. Obermiller, Übers., *History of Buddhism by Bu-ston*, Teil II, Heidelberg, Heft, 1932, S. 181-224; und George N. Roerich, Übers., *The Blue Annals*, Delhi, 1976.

59 Nach Darstellung des Dalai Lamas verdankt die Gadamba- oder »Wort-als-praktische-Anweisung«-Schule ihren Namen der Tatsache, daß die Gadambas alle Worte Buddhas als Anweisung zur Praxis verstehen *(rgyal ba'i bka' thams cad gdams ngag du go ba)*; Die Dzokchenba – oder »Schule der Großen Vollendung« (rdzogs chen pa) heißt so, weil sie alle Schwächen und Verfehlungen als ursprünglich bereits geläutert und alle guten Eigenschaften als ursprünglich bereits vollendet oder vervollkommnet betrachtet *(skyon ye nas dag pa yon tan ye nas rdzogs pa)*; die Chak-chen-ba oder »Großes Siegel«-Schule wiederum wird so genannt, weil aus ihrer Sicht die Gesamtheit der Kreislaufexistenzen und des Nirvanas nicht jenseits des grundlegenden, eingeborenen Geistes des Klaren Lichtes liegen *('khor 'das thams cad de las 'da 'ba med pa);* und da die »Befriedende Schule« über die Mittel verfügt, alles Leiden zu befrieden *(sdug bsngal zhi byed)* heißt sie dementsprechend, nämlich Shi-jay-ba.

60 Über Padmasambhavas Leben und Wirken ist eine ausführliche Biographie überliefert. Vergl.: Yeshe Tsogyal, *The Life and Liberation of Padmasambhava*, Berkeley, 1978.

61 Marbas Leben und Wirken ist in seiner Biographie beschrieben. Vergl.: Tsang Nyon Heruka, *The Life of Marpa the Translator*, Boulder, 1982.

62 Zu Naropas Leben und Wirken siehe: Herbert V. Guen-

ther, Übers., *The Life and Teachings of Nāropa*, London, 1963.

63 Milarepas Leben und Wirken ist beschrieben in: Joss Bachhofer, Hrsg. und Edward Henning, Übers., *Verrückte Weisheit, Leben und Lehren Milarepas,* Haldenwag, 1986.

64 Eine ausführliche Untersuchung von Atishas Leben und Zeit liefert: A. Chattopadhyaya, *Atīśa and Tibet*, Delhi, 1981.

65 Eine Biographie Dzong Kabas ist enthalten in: R. Thurman, Hrsg., *The Life and Techings of Tsong Khapa*, Dharamsala, 1982, S. 3-39.

66 Die Drei Analysen bestehen grob gesprochen darin festzustellen, daß weder unmittelbare Wahrnehmung noch Schlußfolgerung noch eine autoritative Schrift einer bestimmten Textpassage widerspricht.

67 Die erste Ausgabe schließt mit dem folgenden Kolophon des Verlegers:
Die Große Zuflucht und der Beschützer [Seine Heiligkeit der XIV. Dalai Lama] verfaßte dieses Buch *Das Auge einer neuen Achtsamkeit* für die einsichtsvollen jungen Menschen des Landes Tibet und für alle Gelehrten aus Ost und West, die die makellose Lehre des Überweltlichen Siegers kennenlernen möchten, damit sie mühelos die Essenz dessen verstehen können, was der Lehrer selbst erklärt hat, also den Sinn, den er verwirklichte und durch die Kraft seines eigenen Wissens wahrnahm, und damit sie zweitens die zahllosen Schriften indischer Gelehrter und tantrischer Meister begreifen können, die die Gedanken Buddhas kommentierten. Das Buch will eine leicht verständliche Darstellung der buddhistischen Weltsicht sein und helfen, eben diese Weltsicht in der eigenen Anschauung, Meditation und Sittlichkeit in die Praxis umzusetzen. Der tibetische Text wurde vom Büro für Religiöse Fragen der tibetischen Regierung am fünfzehnten Tag des dritten Monats des tibetischen Wassertigerjahres 937 (8. Mai 1963) veröffentlicht. Möge es zu allen Zeiten und in alle Richtungen Segen wirken.

Nachwort*

Die erste Ausgabe der englischen Übersetzung dieses Buches (*blo gsar mig'byed;* wörtlich: das Öffnen des Auges der neuen Achtsamkeit oder Bewußtheit) wurde 1985 veröffentlicht. Zusätzlich zur Übersetzung des Texts umfaßte diese Ausgabe zwei Vorträge, die Seine Heiligkeit Dalai Lama in den Vereinigten Staaten gehalten hatte. Der erste, der unter dem Titel „Hoffnung für die Zukunft" vor der Theosophischen Gesellschaft in Wheaton im US-Bundesstaat Illinois gehalten wurde, wurde aus der hier vorliegenden Ausgabe herausgenommen. Der zweite Vortrag, den er im Oktober 1979 im Zen-Zentrum von Green Gulch in Kalifornien hielt, wurde beibehalten. Ich habe der hier vorliegenden Ausgabe eine neue Einleitung vorangestellt, in der ich über die Wichtigkeit dieses Buches spreche und es in den Kontext der Literatur zum tibetischen Buddhismus stelle.

Es handelt sich bei dem vorliegenden Buch um die zweite Übertragung ins Englische, die der Text des Dalai Lama erfahren hat. Die erste wurde als *The Opening of the Wisdom Eye* veröffentlicht (Wheaton, Illinois: Theosophical Publishing House, 1972; deutsche Fassung 1975 unter dem Titel *Das Auge der Weisheit*). Die Übersetzung wurde von einer Gruppe buddhistischer Mönche aus Tibet, Indien und Großbritannien angefertigt. Sie umschreibt gewissermaßen den tibetanischen Text und schiebt lange Absätze ein, die im Original nicht vorhanden sind. Die Zitate indi-

* In der amerikanischen Ausgabe dieses Buches erschien das Nachwort als „Vorwort zur zweiten Ausgabe".

scher Quellen, die der Urheber macht, fehlen hier. Aus diesen Gründen war eine neue Übersetzung nötig. Als Grundlage für die vorliegende Übersetzung diente ein Nachdruck der Erstauflage von 1963, *legs bshad blo gsar mig 'byed* (Dharamsala, Indien: Tibetan Cultural Printing Press) aus dem Jahr 1967.

Zu diesem Projekt trugen viele meiner Freunde und Lehrer bei, von denen seither einige verstorben sind. Kensur Yeshi Thupten klärte zu seinen Lebzeiten viele Stellen des Textes durch mündliche Hinweise auf. Richard Martin, vor seinem Tod an der Alderman Library der University of Virginia tätig, erteilte mir wertvolle bibliographische Ratschläge. Gareth Sparham tippte das Manuskript, und Elizabeth Napper gab mir viele wichtige redaktionelle Anregungen. E. Gene Smith, der bei Wisdom Publications tätig ist, hatte die Idee zu einer neuen Ausgabe und übernahm mit Geschick und Sorgfalt die Veröffentlichung. Ich möchte besonders Professor Jeffrey Hopkins meinen Dank ausdrücken, ohne den diese Übersetzung nie entstanden wäre. Auf seinen Vorschlag hin übernahm ich die Übersetzung dieses Textes. In seiner Eigenschaft als Übersetzer für den Dalai Lama nutzte er die Gelegenheit, Seine Heiligkeit über eine beträchtliche Anzahl von Textpassagen zu befragen. Professor Hopkins las den fertiggestellten Entwurf meiner Übersetzung mit größter Genauigkeit und stellte etliche Fehler richtig. Diese neue Ausgabe über 15 Jahre nach der ursprünglichen Übersetzung zu erarbeiten, gab mir die Gelegenheit, nicht nur die Zusammenarbeit mit Professor Hopkins zu erinnern, sondern auch die anhaltende Bedeutsamkeit des ersten Buches seiner Heiligkeit zu erkennen.

Donald S. Lopez, Jr.
10. März 1999